Mario Robecchi

Vivi bene, Etico e Felice
con le domande di
*Come La Vita
Quando Ti Sorride*

*Collana "Hikanotes"
Volume 1*

Codice ISBN: 9798411545555
Casa editrice: Independently published

Tutti i diritti riservati
All rights reserved

Disclaimer / Esclusione di responsabilità

I risultati presentati in questo libro derivano da anni di studio e di esperienze personali dell'autore: perciò non si garantisce che chiunque possa ottenere i medesimi risultati. Ogni tipo di miglioramento spirituale, mentale, e fisico, presentato in questo libro, è soltanto un esempio ipotetico, e non costituisce alcuna promessa di effettivi miglioramenti conseguibili per mezzo di queste indicazioni. I consigli presentati non sono una terapia medica e non intendono sostituirsi ad essa in alcun modo. Questo libro ha soltanto ed esclusivamente l'obiettivo di presentare alcuni spunti di riflessione, e l'autore non si assume alcuna responsabilità per l'uso improprio di queste informazioni. Tutti i diritti riservati. Nessuna parte di questo documento può essere riprodotta o trasmessa in alcuna forma, manuale, elettronica o meccanica senza l'esplicita autorizzazione dell'autore scritta e registrata in video.

Dedica

Ai miei Genitori, che scelsero di insegnarmi valori etici splendidi, incorruttibili, dimostrandomi — con il Loro esempio, vissuto per decenni di ininterrotta presenza, tenacia, e amore — che un Essere Umano è innanzitutto spirituale, e perciò deve conservare la sua dignità nonostante le interferenze di ogni tipo. Il messaggio che mi hanno passato è il seme fertile delle mie migliori opere: così, l'alto livello di anime evolute che raggiunsero, si propaga attraverso quanto insegno, per il miglioramento dell'umanità, a coronamento della visione ottimista, integra, e coerente sino al sacrificio personale, che mi trasmettono, convinti che la vita abbia un senso meraviglioso, completo, e conoscibile.

Che cosa significa il titolo di questo libro?

Prima di entrare da qualche parte, devi sapere come uscirne: e sapere che cosa significa quella cosa, per il senso della tua vita.

È un sano principio etico che vale anche per la lettura di questo libro: perché dovresti investire risorse per leggerlo?

Ti aiuto a rispondere spiegandoti cosa intendo dire per mezzo delle parole che ho usato per creare **il titolo:** *Vivi bene, Etico e Felice, con le domande di «Come La Vita Quando Ti Sorride».*

Vivi	= *abbi l'intenzione di esistere, producendo con gioia risultati etici misurabili*
bene,	= *in armonia con gli scenari in cui ti trovi*
Etico	= *nel modo più vitale per aiutare molti*
e	= *mentre, allo stesso tempo,*
Felice	= *sai apprezzare le risorse disponibili*
con	= *per mezzo di*
le domande	= *pensieri che aiutano a capire*
di	= *nello spazio-tempo di*

Come La Vita Quando Ti Sorride = *un sito, ed un canale YouTube dedicati alla crescita personale, cioè basata su dati rintracciabili, verificabili, e quindi in modo spirituale, perché l'evidenza dimostra che siamo Esseri Spirituali.*

Sommario

Disclaimer — 2

Che cosa significa il titolo di questo libro? — 3

Sommario — 4

Introduzione: i 7 pregiudizi che ti stanno impedendo di riuscire nella vita — 13

Parte 1 di 3

Visione generale: le risorse ci sono, usale con etica, ottimismo, e senso pratico — 23

1. Life coaching, crescita personale, miglioramento personale... Che cosa vogliono dire? A chi si rivolgono? Cosa offrono? — 36

2. Il life coaching è una novità? Una moda che presto passa? Quale effettivo valore propone? — 42

3. Il life coaching è una terapia? Che differenza c'è tra life coaching e trattamento psicologico? — 48

4. Che differenza c'è tra il life coaching e una buona chiacchierata con un vero amico? — 51

5. Il life coaching usa tecniche di persuasione occulta? Si serve di qualche forma di suggestione? — 58

6. Qual è l'obiettivo sempre presente in un vero consulto di life coaching? — 60

7. Quali benefici si ricavano da un consulto
di life coaching? 66

8. Una professione, una famiglia, non sono già 72
delle mete sufficientemente precise e motivanti?
Perché fare di più?

9. Quando, e quanto spesso, bisogna dedicarsi 78
al life coaching?

10. Il life coaching è una filosofia new age, ... 81
o si rifà a qualche forma di contemplazione,
oppure di fede religiosa?

11. Conviene usare delle tecniche per persuadere, ... 86
sedurre, e manipolare a fin di bene gli altri?

12. Il life coaching, incentrato su risultati materiali 89
e successo, rischia di diventare arido e persino avido?

13. Il life coaching è una scuola di pensiero, una moda, ... 94
una filosofia, o altro? Che cosa insegna?

14. Il life coach diventa un "guru" per il cliente? 96
Si rischia che il cliente attivi una dipendenza dal life coach?

15. Qual è il punto d'arrivo del life coaching: 98
una felicità materialista, oppure una visione spirituale?
O altro ancora?

16. A che cosa porta la consapevolezza della 102
propria abilità? A cosa serve una visione spirituale?
Perché si punta a questo?

17. C'è davvero una parte buona dentro di noi?   104
Oppure rischiamo di liberare l'egoismo, se siamo
noi stessi?

18. Come ci si può sentire bene in un mondo che ha   110
mille problemi? Il life coaching illude?

19. Qual è la lezione più importante che insegna   116
il life coaching?

20. Il life coaching può essere una risposta adatta   118
ai problemi di oggi? Non è troppo individualista?

21. Se il life coaching invita ad essere sé stessi   122
e individualisti, si può, al tempo stesso, avere
una vita sociale?

Parte 2 di 3

Un bilancio della tua vita: cosa funziona,   128
cosa è bloccato, e perché è bloccato

22. Dove indirizzi le tue energie? In che cosa   132
metti determinazione? Che cosa insisti a fare?

23. Che cosa ti ispira? Quali valori rimangono il tuo   133
punto di riferimento inalterabile, al di sopra di tutto?

24. Ci sono pazienza e dolcezza nella tua vita?   134
Quanto? Armonizzi le tue energie fisiche e i tuoi valori?

25. Quali sono le tue certezze costruttive?   138
Che cosa ti ispira sempre, anche nei momenti cupi?

26. Quali lezioni incoraggianti ti ha insegnato la vita, sino a questo punto? — 139

27. Che cosa puoi insegnare tu, agli altri? Quale eredità lasci alle generazioni future? Come la prepari? — 140

28. Che cosa non riesci a capire, nella tua esistenza? Che cosa ostacola la tua realizzazione? — 144

29. Quali sono stati i cambiamenti principali, nella tua vita? Quali svolte hai compiuto? — 145

30. Come ti senti, di fronte a qualcosa di più grande di te, che ti condiziona? Perché dici questo? — 146

31. Che cosa semini di buono, ogni giorno? Quali frutti ti aspetti di raccogliere? — 150

32. Ci sono errori del passato che ti tormentano? Che cosa stai facendo a riguardo? — 151

33. Quanto intransigente sei nel giudicare gli altri? E nel giudicare te stesso? — 152

34. Quali limiti stai accettando, in vista di un premio che speri di ricevere in futuro? — 156

35. Quanto sei soddisfatto del tuo attuale investimento delle tue energie? Perché dici questo? — 157

36. Quale visione ti ispira? Come sai che è una visione corretta? Come l'hai verificato? — 158

37. Che cosa dovresti cambiare, nella tua vita, a questo punto? — 162

38. Quali argomenti rendono meno traumatico il fatto che non puoi più rimandare il cambiamento? — 163

39. Che cosa sei pronto a lasciare andare? A che cosa ti conviene andare incontro, per rinascere? — 164

40. Di che cosa dovrebbe tenere conto, un piano adatto a te, per portarti a centrare i tuoi obiettivi? — 168

41. Chi, e che cosa, ti conviene lasciare andare, dopo averli ringraziati per quanto ti hanno insegnato? — 169

42. Chi vuoi diventare? Come puoi investire ciò che sei, che fai, e che hai? Quale futuro prepari? — 170

Parte 3 di 3

Ricominciare su basi nuove: le domande di "Come La Vita Quando Ti Sorride" — 174

43. Che cosa ti riesce bene? Che cosa fai volentieri? Quali attività ti fanno sentire felice? — 175

44. Come sarebbe la tua routine ideale, se tu ti dedicassi soltanto a ciò che ami e sai fare bene? — 176

45. Quale serie di passaggi ti consentirebbe di evolvere da come vivi ora e di raggiungere la tua condizione ideale? — 177

46. Stai preparando un piano tempificato, per migrare verso la tua condizione ideale? — 180

47. Come ti sei organizzato per affrontare le emergenze serie del vivere? 181

48. Che cosa merita di essere difeso? In quali altri modi puoi investire le tue risorse per proteggere il nucleo sano ed etico? 182

49. Quale visione ti ispira? In quale grandioso scenario vorresti vivere? Facendo cosa? Con chi? 186

50. Hai una concezione spirituale del senso della vita? Al di là della materia, c'è qualcosa, secondo te? 187

51. Stai vivendo per realizzare qualcosa di più, rispetto al semplice mantenere vivo il corpo fisico? A cosa punti? 188

52. Che cosa parla all'essenza che tu sei? La ispira? Quali pensieri ne ricavi? Quale piano razionale sviluppi? 192

53. Spaziando con la fantasia, che cosa riesci ad immaginare? E che cosa decidi di fare, dunque? 193

54. In quali modi, i tuoi sogni più vitali, ti guidano, mentre amministri la tua realtà e crei opere etiche? 194

55. Metti distacco tra te e i dispiaceri del passato: quali prospettive incoraggianti vedi per te? Come le investi? 198

56. Quali sono le radici che nutrono il tuo spirito? Come alimenti la tua essenza, ogni giorno? 199

57. Con quali persone di valore sei capace di collaborare? Quali responsabilità ti assumi? Per fare cosa? 200

58. Hai realizzato il tuo sogno nel cassetto? 204
Perché rispondi così?

59. Per quale motivo credi di essere sulla Terra? 205
Per realizzare cosa? Qual è la tua vocazione?

60. Per rendere la tua esistenza pienamente ricca 206
di significato, che cosa ti conviene fare, ora?

61. Cosa possiamo ricordare di te, per celebrarti? 210
Quali sono le cose belle, etiche, e socialmente utili
che hai realizzato?

62. Quanto bene inserito ti senti, nel gioioso flusso 211
della vita? Come puoi migliorarti in questo?

63. Esisti grazie a molte risorse generose che 212
ti aiutano: quale oggettivo valore offri, per ricambiare
allo stesso livello?

10 video per approfondire, prima di concludere 216

Conclusione 236

Breve Dizionario in ordine concettuale 238

Breve Dizionario in ordine alfabetico 245

Perché "Come La Vita Quando Ti Sorride" si chiama così 252

TAVOLE

1. Le 12 Aree del Buon Vivere	26
2. Formazione e allenamento	32
3. Ti servono risposte per superare gli ostacoli	40
4. L'etica supera i problemi e crea progresso	46
5. Il successo deriva da comprensione, responsabilità, azione	56
6. Il life coaching ti rende più abile nel superare i problemi	64
7. Le tre fasi di un consulto di life coaching	70
8. Scegli di investire il tuo potenziale	76
9. I tre piani dell'esistenza	84
10. La formazione favorisce le scelte consapevoli	92
11. Le risposte automatiche non aiutano a vivere	100
12. Dalla sopravvivenza alla civiltà	108
13. Il potenziale può emergere e realizzarsi	114
14. L'abilità crea successo	120
15. Amore, Verità, Bellezza Consapevolezza, Etica, Gioia	126

16. Dal problema alla soluzione — 130

17. A cosa dedichi le tue energie? — 136

18. La tua esperienza è unica e ha valore — 142

19. I problemi sono situazioni che non conosci — 148

20. Puoi decidere, valutare i risultati, perfezionarti — 154

21. Gli obiettivi innescano i piani — 160

22. Saper gestire crea stabilità — 166

23. Una meta etica indirizza l'esistenza — 172

24. La coerenza consente di esistere — 178

25. Le scelte etiche creano futuro vivibile — 184

26. Si vive per imparare ad evolversi — 190

27. Capire lo scenario per riuscire ad essere — 196

28. Chi è sveglio impara a valorizzare le risorse — 202

29. Chi sceglie l'etica può esistere — 208

30. Prospettive in espansione — 214

Introduzione: i 7 pregiudizi che ti stanno impedendo di riuscire nella vita

Probabilmente non ci siamo mai incontrati di persona, eppure credo che possiamo fare, insieme, un buon pezzo di strada.

Sì, perché ho già pensato a te, e mi sono chiesto, sinceramente:

"Come posso aiutarti a migliorare la tua vita? Dico proprio la tua, di te che adesso stai leggendo questa pagina: come posso?"

Mi chiamo Mario Robecchi, e aiuto le persone a capire come riuscire nella vita: siccome quanto so ha già ispirato decine di migliaia di persone, attraverso i miei video che ho pubblicato su YouTube, ho deciso di scrivere questo libro — Sai perché?

L'idea di scrivere questo libro mi venne prima del 2020, e dopo ... lo sappiamo, dopo il mondo è cambiato, e quindi, a maggior ragione, quelle due cose che conosco, utili per aiutarti a migliorare la tua vita, oggi sono ancora più importanti, perché dobbiamo ricominciare, con le idee più chiare, e con una visione allargata e stabile, che prima non avevamo. **Questo libro è una lettura interessante, per te, e al tempo stesso può diventare una vera svolta, se vuoi.**

Infatti, è un libro che può sembrare facile e difficile al tempo stesso, e le due cose dipendono da te: mi spiego subito ...

1) è facile, perché l'ho scritto in modo scorrevole, così capisci subito che cosa ti dico. Ho messo anche 30 illustrazioni che spiegano concetti importanti in un attimo, basta osservarle ... ... e alla fine del libro c'è pure una splendida e utile sorpresa, che moltiplica di parecchio il valore che trovi qui ...

2) **è un libro difficile perché potrebbe sembrarti "troppo bello per essere vero"**, e, per assurdo, questo potrebbe diventare un problema, nel senso che **qui trovi soluzioni pratiche per vivere bene, etico e felice**, con le idee più chiare, a proposito di cosa fare nella tua vita, adesso, partendo da come sei ...

... tu leggi e capisci che ci sono soluzioni che tu puoi applicare da subito: **e allora, dove sta il difficile, in questo libro?**

Sta nel fatto che potresti non crederci: potresti dire *"troppo bello per essere vero"*, e quindi perderesti l'occasione di usare questo libro perché ... Potrebbe essere difficile, per te, riconoscerti capace di compiere il passo che ti serve per migliorarti: dipende da te. **Dipende dai pregiudizi che hai.**

E forse non sai nemmeno di avere alcuni pregiudizi che, magari, ti stanno impedendo di vivere un'esistenza armoniosa.

Questo è lo scenario peggiore, in cui tu sei a un passo dall'iniziare una nuova fase costruttiva della tua esistenza eppure non fai quel passo; **ma, per fortuna, c'è anche uno scenario migliore, in cui tu dici:** *"D'accordo, perché no? Volevo capire il senso della mia vita e finalmente ecco, ho trovato un libro che mi parla in modo chiaro, e allora procediamo!"*

Intanto, per sciogliere il dubbio, ti regalo questo mini-corso: **esatto, per il solo fatto di essere arrivato qui,** che dimostra il tuo interesse per il miglioramento personale. Se per diversi motivi non ti senti nella condizione giusta per iniziare, e chissà quante scuse e dubbi hai, **per il solo fatto che sei qui, e per risolvere i blocchi che ti frenano,** ti dimostro che cosa io posso fare per te REGALANDOTI QUESTO MINI-CORSO: clicca sul link

GRATIS → https://tinyurl.com/meno-stress-piu-energia

oppure usa questo codice: è sufficiente che lo inquadri con la fotocamera del tuo smartphone collegato a internet, e arrivi subito alla pagina.

Il mini-corso che ti regalo, che ti arriva a puntate direttamente nella tua casella di posta, è anche un'ottima preparazione per ricavare molto dalla lettura di questo libro: sai perché?

Perché ti porta a considerare il giusto punto di partenza per migliorare la tua vita: quando lo conosci, non lo dimentichi, e siccome non lo dimentichi sai qual è la direzione giusta per te, e così risolvi i dubbi, e ti senti sollevato, da subito.

Ovviamente NON può bastare un mini-corso generico, per affrontare e risolvere i problemi della tua esistenza: ma è un buon modo per iniziare a scoprire che tu puoi fare qualcosa di vitale, anche se hai poca energia e molta stanchezza.

In questo libro, ti spiego CENTINAIA di spunti che verifichi e metti in pratica: una cosa per volta, bisogna essere graduali.

Segui con calma il mini-corso, e poi, se ti trovi bene con quel regalo, allora passa al libro, che ti insegna centinaia di spunti per migliorarti. Se vuoi, ce la puoi fare. Dipende da te.

Tutto risolto? Temo di no: dobbiamo superare i pregiudizi che ti stanno impedendo di riuscire nella vita ...

E allora affrontiamoli: io ne ho individuati 7, e te ne parlo adesso, così cominci a considerarli in modo sistematico, con l'intenzione di risolverli, e dopo puoi dedicarti serenamente alla lettura di questo *utilissimo* libro. (Beh, non voglio esagerare: è "utile", se tu fai la tua parte per notare, verificare, ed applicare nella tua esistenza gli spunti buoni che ti offre.)

Come ti ho detto all'inizio, io aiuto le persone a capire come riuscire nella vita: sono un life coach, cioè un "allenatore per la vita", e se non conosci il concetto, te lo spiego bene nel libro.

In sintesi, come un allenatore sportivo, fornisco indicazioni.
Per mezzo di domande porto a notare le risorse: ecco cosa faccio.
Spesso, infatti, le risorse ci sono, e le buone occasioni si possono creare, ma siamo distratti, e ci perdiamo … In questi casi, l'aiuto di un life coach è determinante, per capire come ristrutturare la propria esistenza, "ripensandola meglio".

In pratica, aiuto a ragionare in modo limpido, "collegando i puntini": non è una terapia, è un conversare intelligente.

Alcuni, che non conoscono il life coaching, non sanno quanto valido possa essere, e così lo evitano a causa di pregiudizi che adesso analizziamo, e, per ciascuno, ti dico la mia risposta.

Ecco 7 tipici pregiudizi sul life coaching e come li risolvo io: leggi le mie risposte che possono sciogliere alcuni tuoi dubbi, così ti rassereni, già adesso, e scopri nuove possibilità.

"Pregiudizio 1. È una moda, aria fritta, non serve a niente."

No: porre domande mirate e stimolanti, per arrivare ad un nuovo punto di vista, è un metodo che ha, come minimo, circa 2.500 anni: lo praticava Socrate, con successo, perché porsi domande serve, in quanto si arriva a nuovi punti di vista, da cui risulta possibile risolvere i problemi. Migliaia di anni dopo, attorno al 1880, la figura di chi allena, cioè il coach, divenne indispensabile nello sport, e da lì passò all'economia, e da oltre cinquant'anni milioni di persone ne hanno beneficiato: spiego bene l'evoluzione del "fare domande" a partire dalla pagina 42 di questo libro. È un ottimo metodo che rivitalizza la mente.

"Pregiudizio 2. Se sei in un momento di crisi, credi a tutti."

Vero: e appunto perché rischi di credere a chi ti imbroglia, perché approfitta della tua debolezza, è meglio che ti prepari prima, per non dover cercare aiuto proprio quando ti trovi in crisi e non sai valutare con il giusto distacco costruttivo.

Il life coaching NON è una terapia, diciamolo chiaramente: è un percorso di consapevolezza, che considera i dati, e le possibilità che una persona riconosce alla sua portata. Grazie al life coaching, da praticare con regolarità, perché è un allenamento, come dice il nome, si evita di entrare in una crisi disperata, e quando la situazione diventa oggettivamente più difficile, grazie all'allenamento a ragionare in modo costruttivo ci si riprende più velocemente, e meglio. Ovviamente, le salite ci sono per tutti, ma chi è allenato le supera meglio.

"Pregiudizio 3. I buoni consigli non servono a nulla."

Il life coach NON dà consigli: fornisce indicazioni. Infatti dico sempre che, in quanto life coach, io sono come un cartello stradale che indica dove si arriva a seconda della direzione che si prende: la decisione di prendere una direzione spetta alla persona, non al life coach, com'è giusto che sia, perché un percorso di life coach illumina il concetto di responsabilità ed è la persona che capisce quanto è importante, per vivere pienamente la propria libertà di pensiero, assumersi la piena, lucida responsabilità delle proprie scelte, per indirizzare e correggere la propria buona riuscita.

Quando ricevi un consiglio, magari da un amico, o lo trovi per caso su internet, manca un piano per inserirlo nella tua esistenza, e manca un programma per svilupparlo con metodo: dobbiamo, sempre, considerare lo scenario in cui operiamo.

Un proverbio africano dice che per allevare un bambino occorre un villaggio: l'intenzione ispira, e poi serve metodo per ottenere un risultato di valore, misurabile. Metodo, piano, responsabilità sono concetti che trasformano un consiglio in un successo.
E che non si possono, e non si devono, improvvisare.

In questo libro imparerai quanto profonda può essere l'analisi della tua esistenza per mezzo di un consulto di life coaching: a quel punto, ti sarà evidente che i consigli buoni, articolati, finalizzati, sono pochi, in questo mondo, e che per ogni persona, man mano che evolve, occorre un supporto formativo mirato.

Il life coaching è comprensione armoniosa finalizzata all'etica: un amico può darti la sua opinione, ma per ristrutturare la tua esistenza hai bisogno di un piano di crescita strutturato, che coltivi e perfezioni con ordine, assistito da un professionista che sa come aiutarti e che rimane distaccato sul piano emotivo.

<u>"Pregiudizio 4. Si perdono soldi e tempo: non ti cambia la vita."</u>

Per gestire bene la tua esistenza ti occorre una formazione adeguata. Se, invece, hai bisogno di cambiare la tua vita, allora ti serve una ristrutturazione completa.

In entrambi i casi — gestione oppure ristrutturazione — il life coaching aiuta. Di sicuro, vivere improvvisando, tra alti e bassi, sperando nella fortuna che ti fa vincere alla lotteria, non è un modo sicuro per esistere e prosperare.

Costa di più prepararsi bene oppure rimediare un disastro?

Considera il consulto di life coaching come un investimento che fai per la tua riuscita: già questa impostazione mentale ti porta a ragionare nel lungo termine, con razionalità e metodo.

"Pregiudizio 5. Leggere libri e a frequentare corsi non serve."

Vero: bisogna mettere in pratica quanto si impara. Lo studio dev'essere finalizzato, da subito: evita l'errore commesso da molti studenti, che frequentano la scuola senza sapere, di preciso, cosa faranno nel mondo del lavoro.

Lo studio è importante, fondamentale: non per collezionare libri, non per sentirsi importanti, ma per ottenere la sintesi delle migliori esperienze di esperti di un certo settore. E quella sintesi va verificata, perché un conto è cosa dice l'autore di un libro, e un altro conto è sapere usare, con profitto, quanto l'autore ha spiegato: ciascuno deve verificare da sé.

È un sano principio che vale per ogni tipo di studio, compreso quello del miglioramento personale: infatti, se non si leggono libri e se non si frequentano corsi di autori che indicano cosa va considerato, per pianificare e potenziare la propria esistenza, si rischia di vivere sulla base di quanto ci hanno detto persone impreparate, spesso infelici, di sicuro approssimative. Molti restano lontani dallo stile di vita dei loro sogni perché mettono in pratica indicazioni altrui povere.

Chi capisce l'importanza dello studio e della verifica, che devono procedere insieme e rinnovarsi ogni giorno, si offre la possibilità di acquisire il vantaggio di sapersi collocare, e volentieri si dedica a coltivare la propria crescita personale.

Intendiamoci: vivere è difficile per tutti, ma quando si sa da dove partire, per arrivare dove, orientandosi tra gli ostacoli, allora la conoscenza teorica rivela la sua utilità pratica, perché consente di ottenere risultati apprezzabili, ovviamente se la persona si considera responsabile, e, sapendo che si raccoglie quanto si semina, si prepara in modo organizzato e previdente.

"Pregiudizio 6. La teoria non serve: servono risposte pratiche."

Esatto: siamo abituati a superare gli esami scolastici ripetendo a pappagallo risposte mai verificate; è un metodo sbagliato.

Ecco perché il life coaching, per come io lo conosco e pratico, si basa sulle domande, che aprono nuove vie da percorrere, utilissime per uscire dalle teorie fumose e per confrontarsi con la realtà, anche quando ci appare sgradevole e opprimente.

Ho scritto questo libro per coinvolgerti: voglio che ogni singola pagina sia per te una sorgente di spunti su cui meditare. Potresti aprire a caso una pagina, leggerla da cima a fondo, e trovare, in quei paragrafi, una serie coerente di spunti per rivedere, e potenziare, la strategia che usi per vivere. Quindi, questo NON è un libro di teoria: è una miniera di spunti pratici.

Le risposte pratiche derivano da una conoscenza teorica di alto livello, che è stata tradotta in un piano scritto razionale, da eseguire nel mondo fisico: infatti, io invito a considerare, sempre, i tre piani — spirituale, mentale, e fisico — sapendo che sono interconnessi tra loro, e che bisogna procedere su tutti e tre simultaneamente, perché, in effetti, il livello di benessere psicofisico in cui ci troviamo deriva da come sappiamo amministrare eticamente, cioè in modo vitale, quei tre piani.

Nel corso del libro ti spiego bene questi concetti: per adesso sappi che la tua visione del mondo determina come ti prepari, il che condiziona i tuoi risultati, e quanto ricavi modella la tua visione del mondo ... Tutto si collega, e qui impari a gestire ogni passaggio del collegamento dei tre piani che ti ho indicato.

Il life coaching che ti spiego in questo libro è, al tempo stesso, ispirato, razionale, e pratico: imparalo, e diventerai più abile.

"Pregiudizio 7. "Io so cosa fare, mi basta quello che so già."

Sono contento per te, se tu DAVVERO hai le idee chiare e grazie a ciò realizzi i tuoi obiettivi: perfetto, quello è il punto d'arrivo a cui ciascuno deve arrivare. Meglio, se ci riesci già.

Se invece non è così, e dici che ti basta quanto sai MA non sei felice, allora ti suggerisco, sottovoce, di osservare con distacco i tuoi punti di riferimento perché non ti stanno aiutando: forse sono buoni ma non coordinati bene tra loro, devi verificarlo.

Viene spontaneo avere un punto di vista soggettivo, a volte auto-indulgente, e a volte vittimistico, soprattutto dopo una serie di fallimenti: perciò conviene confrontarsi con un life coach perché ha distacco nel considerare gli elementi, e aiuta a considerare alternative a cui non si aveva pensato.

È chiaro che ogni situazione è diversa dalle altre, e che ogni persona è convinta di capirsi meglio di quanto gli altri possano capire lei: il vantaggio offerto dal life coaching è l'apporto di freschezza di idee e chiarezza mentale che incoraggiano.

Se permetti un consiglio per usare bene un consulto di life coaching, eccolo: "*Non ti aspettare che il life coach ti dica cosa fare, come se fosse una semplice ricetta di cucina: piuttosto, considera il consulto come un'occasione per espandere il tuo punto di vista, il che ti consente di prendere altre decisioni.*".

Un consulto di life coaching potenzia la tua capacità di ragionare a proposito del possibile uso delle tue risorse.

Quindi, un consulto, e uno studio bene organizzato sul tema del life coaching, sono esperienze preziose, che ti consiglio di vivere pienamente, senza esitare, e disposto ad imparare.

Ecco, queste sono le mie risposte alle 7 obiezioni più comuni.

Come vedi, il discorso si fa interessante: certo, magari tu avresti altro da dire, e vorresti sapere di più, e hai ragione, perché in poche pagine non ti ho spiegato tutto, ma un primo obiettivo l'abbiamo raggiunto, ossia questo ... Hai dedicato la tua attenzione all'analisi della qualità della tua vita: è importante.

Conviene fare un bilancio della propria esistenza, a qualsiasi età, anche se le cose vanno bene: bisogna sapere quali strade si possono percorrere, come, e verificare se abbiamo eseguito la strategia che avevamo programmato. Lo so, **molti vivono senza programmare una strategia, e ridono all'idea di farlo:** però chi ha una strategia gestisce meglio la propria esistenza.

Una squadra sportiva, un'azienda, una pubblicità, un film sono attività che richiedono strategie: perché? Perché sono complesse.

Anche **la vita di un singolo individuo è complessa, perché lo obbliga a gestire TUTTI gli aspetti del vivere:** relazioni, soldi, routine, giusto per citare tre enormi argomenti che ad ogni età dobbiamo sapere padroneggiare. E, per ciascuno di questi argomenti, ci sono diverse centinaia di temi da considerare. In più, **noi cambiamo a seconda dell'età, e dell'ambiente in cui siamo:** come vedi, ci sono centinaia, persino migliaia di elementi da riconoscere, e indirizzare. Sperare di riuscirci decidendo a istinto, di volta in volta, porta a sprecare tempo e risorse; e poi, questo è un classico, arriva la crisi di mezza età; oppure, peggio ancora, la delusione di trovarsi anziani senza aver vissuto come si avrebbe voluto: prima si dava la precedenza al lavoro, e si sperava che a 70 anni si avesse forza, voglia, salute, e soldi, per fare quanto per 70 anni non fu fatto: *e se non succede?*
Temi scottanti: capisci che serve davvero una strategia per vivere?
Ora mi conosci un poco, seppure virtualmente, e sai se vuoi approfondire il discorso con me. **Sì? Vuoi? E allora, iniziamo!**

Parte 1 di 3

Visione generale: le risorse ci sono, usale con etica, ottimismo, e senso pratico

Ecco la prima delle tre parti che compongono questo libro, che ho scritto per parlarti del life coaching, che è un insieme di tecniche per il miglioramento personale, cioè per sentirsi utili nel mondo, soddisfatti, e ben voluti dalle altre persone.

Per te ci sono 3 bei vantaggi, nell'usare il life coaching:

- primo, arrivi a conoscerti meglio;
- secondo, ti aiuta nel progettare il tuo futuro;
- terzo, ti porta a vivere con soddisfazione.

La domanda è: ti interessa, perfezionare la tua esistenza?

E ti chiedo, anche: vuoi conoscerti, migliorarti, e vivere con legittima soddisfazione? Ovvio che mi rispondi di sì, ma prendi il tempo che serve, per dare una risposta che poi sarai capace di rispettare …

Ovvio che ognuno di noi risponde di sì, se chiedi "Vuoi essere più felice? Vuoi la pace nel mondo? Vuoi che tutto sia bello?"

… ma poi, all'atto pratico, quando si tratta di vivere quanto piacerebbe, ecco che la risposta svanisce: si vive male, con la scusa che non c'è tempo, non ci sono soldi, e così via.

Quindi, sapendolo, ti chiedo: vuoi iniziare un percorso di crescita personale e portarlo a termine? Questo libro ti aiuta.

Certo, un libro non ti insegna a vivere: devi fare esperienza tu, misurarti nella tua realtà, e arrivare a capire quanta voglia hai di imparare cose nuove, e di togliere, eliminare, dimenticare le tue vecchie abitudini ... Quanta voglia hai di farlo tutti i giorni: sì, esatto, senza saltarne uno ... Quanto ti lamenti delle cose che non funzionano ma poi, diciamolo, e tu lo sai, torni sempre a fare quello che non ti piace ... Ha senso?

Soltanto tu puoi rispondere. Soltanto tu sai se questo libro diventa, per te, uno strumento per fare salire di livello la qualità della tua vita. Io l'ho creato apposta per aiutarti, e, ovviamente, anche se ti do del tu, come faccio sempre, perché darsi del tu è diretto, pratico, e soprattutto umano, anche se, dicevo, uso un tono sciolto e diretto, bisogna vedere se tu partecipi. A questo, ci vuole un'altra domanda: eccola ...

... Chi sono io, per proporti di migliorarti? **Puoi fidarti di me?**

Mi occupo di life coaching, cioè aiuto le persone a capire che cosa vogliono nella vita, e come ottenerlo, dal 1996. E prima?

Prima mi sono occupato di comunicazione, pubblicità, e marketing: ho iniziato nel 1980, quando avevo 19 anni, e da subito mi sono trovato nel "giro grande", dove i clienti per cui scrivevo erano noti a livello mondiale: giusto per citare i primi due a cui mi sono dedicato, mi basta dire che erano Hewlett-Packard (computer), e Yamaha (strumenti musicali).

Dopo il liceo classico, che mi aveva portato a conoscere con ammirazione gli autori antichi, e mi aveva anche abituato ad esplorare le teorie astratte senza pretendere risultati concreti immediati, l'ingresso nella pubblicità fu folgorante, per me: di colpo, è proprio il caso di dirlo, capii che bisogna sapere cosa si vuole fare nella vita, e bisogna agire per ottenerlo.

Infatti, quando un cliente si rivolge ad un'agenzia pubblicitaria, vuole raggiungere il successo e ha bisogno di sapere come si fa: questi due princìpi sono alla base del life coaching che io conosco e pratico, ossia sapere cosa fare, e come farlo.

Col passare degli anni, il mio interesse per la crescita personale è divenuto più solido, con delle basi affidabili, e con un vasto orizzonte in cui **considero tutti gli aspetti del vivere, perché ogni giorno dobbiamo gestirli**: li chiamo "*le 12 Aree del Buon Vivere*", e sono incentrate sulla persona. Nella pagina seguente trovi la prima tavola in cui presento tali aree.

Mi fermo qui, con le informazioni sulla mia vita professionale: l'obiettivo è farti capire che so due cose, e che uso uno stile coinvolgente, che ho imparato comunicando da pubblicitario. **Il resto, cioè quanto puoi ricavare tu da me, dipende da te.**

Dipende da quanto ti concedi di sapere: infatti, se sei già soddisfatto delle tue certezze, continua a mantenere le tue certezze, anche se questa è una contraddizione perché, lascia che te lo dica, se tu hai una fede, religiosa o laica, scientifica o sciamanica, insomma, se tu hai dei punti fermi che usi come riferimento, allora dovresti continuare a usarli ... MA se senti il bisogno di nuove risposte, perché ti serve una conferma del tuo valore, allora è evidente che le tue certezze non ti vanno bene ... Devi arrivare a capirlo tu: io, di sicuro, non sono qui per convincerti, perché non ti devo portare da qualche parte.

Io, lo dico sempre pubblicamente, **posso aiutare chi è a pochi passi dal risveglio, perché ha intuito come vanno le cose, e VUOLE collegare gli argomenti, tutti quanti**: per questo motivo, io NON posso, e NON voglio, ingaggiare una discussione per confrontare le nostre opinioni, perché le opinioni non contano, contano i fatti. È un concetto che ognuno deve conquistare da sé.

Tavola 1
Le 12 Aree del Buon Vivere

Osserviamo insieme la Tavola 1

Al centro c'è una domanda, e al centro ci sei anche tu: la domanda è rivolta a te. Dice: "<u>In quali aree ti vuoi migliorare?</u>"

Questo significa molte cose, tra cui: 1) Tu esisti. 2) Puoi agire. 3) Puoi agire meglio. 4) Puoi scegliere. 5) Per agire meglio ti conviene agire su specifiche aree. 6) Per riuscire devi volerlo.

Sotto la domanda inizia una spirale, che girando si allarga e va oltre le parole scritte. Ci sono anche dodici raggi. Ogni raggio propone un concetto. I concetti opposti si completano tra loro.

Il primo raggio è quello con la scritta "Orientamento". Il secondo è "Routine", e così via: leggi le scritte in senso antiorario, mentre la spirale procede in senso orario, così leggendo le scritte percorri la spirale, e quando la ripercorri ripassi ogni concetto, e colleghi i raggi tra loro.

La prima cosa è trovare l'<u>Orientamento</u>: cioè capire in quale scenario sei, cosa succede lì, come puoi esistere lì, e come offrire il valore che è richiesto lì. Dopo crei la tua <u>Routine</u>, e così sviluppi le tue <u>Relazioni</u>. Seguono il <u>Lavoro</u>, perché devi scambiare, nello scenario, il valore che offri per ricevere quanto ti serve per vivere, anche come soddisfazioni e prospettive.

I <u>Soldi</u> servono, in questo mondo, e per ottenerli a volte provi dello <u>Stress</u>: questi primi 6 concetti riguardano direttamente il modo in cui ti amministri. Punta ad essere abile qui.

I successivi 6 concetti considerano te in rapporto alla società, in una prospettiva più estesa, e più elevata. Il settimo concetto è il <u>Successo</u>, che è la verifica della preparazione che hai scelto di procurarti per affrontare la vita. Ti prepari e vieni valutato.

*Il successo che ottieni dipende dall'orientamento che hai dato
alla tua esistenza: i concetti si completano a vicenda,
e infatti sono disposti a coppie, sui raggi che vedi sopra la spirale.*

*La <u>Motivazione</u> è in relazione con la routine: per continuare
a desiderare di riuscire nei tuoi progetti, devi coltivarli ogni
giorno, e quindi devi avere una routine creata per la tua meta.*

*La <u>Felicità</u> deriva da come sai gestire gli altri, sia i tuoi amici,
sia i tuoi nemici: ora capisci che relazionare è un concetto
vasto, che ti richiede prudenza, lungimiranza, e strategia.*

*Il <u>Benessere</u> si basa sul lavoro che tu fai per donare valore
al mondo: in cambio ricevi soldi, e, soprattutto, meritate
soddisfazioni; infatti, puoi sentirti bene soltanto se crei opere
che rendono migliore lo scenario che ti sostiene, e in cui vivi.*

*Il <u>Cambiamento</u> consiste nel portare nuova energia vitale negli
equilibri che stanno già funzionando: nella forma più semplice
l'energia appare come soldi, che consentono di finanziare
le spese; ma, ad un livello alto e determinante, l'energia vitale
del cambiamento nasce nella tua capacità di rinnovarti,
e di rinnovare, gli equilibri, per renderli più etici e forti.*

*Quando arrivi a bilanciare, in modo dinamico, i precedenti
concetti, che riassumono le prove del vivere, allora la tua
<u>Visione</u> è limpida e solida, e risolve le tensioni dello stress:
a quel punto, sai come investire le correnti di forza presenti
nello scenario in cui operi, e le valorizzi per realizzare la tua meta.*

*Questa tavola sintetizza concetti molto vasti, eppure sono chiari,
grazie alla disposizione che hanno: osserva, rifletti, annota le
considerazioni che emergono in te, meglio ancora se le raccogli
in un quaderno, mettendoci la data, utile per quando ripasserai.*

Ciascuno di noi vuole esistere: è un bisogno innato, è l'istinto di sopravvivenza che va oltre l'esistenza fisica e punta a creare una "rete di occasioni di esistenza" … Pensa a quanti oggetti senti tuoi: non soltanto il tuo telefono, i vestiti, la casa, l'auto, ma anche gli edifici della "tua" città, che contiene i "tuoi" negozi … E poi ci sono: le squadre sportive che ami, personaggi pubblici, persino film, libri, addirittura epoche storiche …

L'elenco è molto lungo, e sono sicuro che hai afferrato il concetto: ti senti "unito" a ciascuno di questi elementi e se ti mancano ti sembra che "una parte di te" venga eliminata.

Se arrivi ad immergerti profondamente nelle "reti di significati" che ciascun oggetto rappresenta, **allora l'identità che percepisci, di te, si altera parecchio:** quando dici "io", intendi molto di più del corpo fisico modello Homo Sapiens che usi.

Tu capisci che già è difficile orientarsi nella vita e crearsi una routine, in cui relazioni, lavori, e svolgi delle attività: se a tutto ciò aggiungi i "legami" emotivi e virtuali che aumentano "le parti di te" che tu percepisci "essere te", allora **diventa ancora più difficile definire chi sei, quale meta hai nella vita, e come ti gestisci.** In più, ora c'è la virtualità del metaverso, in cui esisti SOLTANTO SE APPARTIENI a qualche blockchain.

Si aprono davanti a te almeno DUE scenari: il più evidente, e più invadente, è lo scenario distopico, cioè pervertito, opprimente, in cui finisci inghiottito da "reti" che ti fanno credere che esisti soltanto se accetti di essere loro schiavo.

L'altro scenario NON è evidente: riguarda lo spirito. Richiede la tua **consapevolezza**, un solido sistema di **valori**, una **meta** che servi per il bene etico dell'umanità. **Qual è il tuo scenario?** Pochi sanno rispondere: ma io, come life coach, posso aiutare.

Ho un sito, ed un canale YouTube dedicati alla crescita personale, per come io la conosco e pratico: migliaia di persone, ogni giorno, guardano i video che ho creato e donato pubblicamente, (https://tinyurl.com/clvqts-youtube), proprio per innalzare il livello generale della consapevolezza.

In questo libro ti presento il life coaching attraverso le risposte che do alle domande che spesso mi vengono poste da chi vuole saperne di più: le ho messe in una sequenza logica, per ricavare un discorso che fila, che ti propongo in questo libro, che ho scritto perché forse sono domande che anche tu vorresti pormi, e perché sono argomenti interessanti e utili, per chi vuole sapere come vivere con maggiore soddisfazione.

Proponendoti queste domande **ti spiego come io intendo il life coaching**, e che cosa mi ispira quando conduco un consulto, o creo un corso, per il miglioramento personale.

Per iniziare, **ti porto a vedere da vicino il quadro generale che riguarda l'esistenza umana**, così puoi fartene un'opinione più precisa, perché puoi verificare da te gli spunti che ti fornisco. E per finire, ti offro delle **indicazioni pratiche, così cominci, da subito, ad avere le idee più chiare**, su basi conosciute, e una maggiore determinazione, nell'affrontare la vita.

Procediamo per gradi: ti spiego che cosa troverai nelle prossime pagine di questo libro, che è costituito da 3 parti ...

- La prima parte del libro **ti presenta una visione complessiva, a proposito del life coaching**; contiene dati che servono per inquadrare questo tipo di approccio per migliorarsi, a metà tra l'allenatore che ti insegna le strategie per vincere le sfide e il saggio che ti porta a considerare lo scenario in cui operi.

- Nella seconda parte ti guido nel fare un bilancio della tua esistenza; anche se non ti conosco personalmente, ti parlo di argomenti che, al principio del Ventunesimo Secolo, ci riguardano da vicino, perché, a questo punto, tutti, nessuno escluso, dobbiamo: 1) decidere cosa vogliamo realizzare; 2) stabilire quale stile di vita è richiesto ora nello scenario; e 3) agire con precisione, senza perdere tempo.

- Nella terza parte ti suggerisco una serie di domande per mettere ordine nella tua vita. Infatti, voglio che questo libro sia estremamente utile, per te: ammetto che *aiutare* è una mia "fissazione", e infatti, ogni volta che comunico, io punto a fornire una "unità di consapevolezza" che:
1) ispira; 2) ha senso oggi; 3) si può usare.

Nel finale del libro troverai domande ancora più coinvolgenti delle precedenti, a cui ti invito a rispondere: potrebbe essere, per te, l'inizio di una sorprendente, e costruttiva, scoperta di te.

Voglio che questo sia un libro importante, nella tua formazione, un libro che leggerai volentieri e tornerai a consultare più volte, perché sai che contiene parecchi spunti utili, fondamentali.

Ti consiglio di leggerlo una prima volta, da cima a fondo, così com'è, concedendoti di seguire il filo del discorso: e poi lo rileggi, ed elabori le tue risposte. Certo, se durante la prima lettura ti vengono delle buone intuizioni che non vuoi perdere, annotale: l'importante è che tu NON inizi subito a prendere appunti, per fare un riassunto del libro ... Sarebbe un errore: infatti, alla prima lettura, annoteresti soltanto quanto sai già.

L'obiettivo è innalzare i tuoi livelli di consapevolezza, abilità, e prestazione: **per riuscirci devi andare oltre quanto sai già.**
Questo concetto è presentato nella Tavola 2, che illustra e riassume il mio programma di life coaching per te.

Tavola 2
Formazione e allenamento

Osserviamo insieme la Tavola 2

*Nota le due frecce, arancione e blu: per andare avanti,
ci vuole <u>Allenamento</u>, e per salire di livello ci vuole <u>Formazione</u>.*

*L'allenamento è indispensabile, perché il <u>Tempo</u> scorre
per tutti, e impone continui aggiornamenti, e non è riciclabile.*

*Altro concetto determinante è la propria <u>Autostima</u>:
quanto più uno sa di poter fare qualcosa di valido, grazie
alla formazione che si è procurato, tanto più si stima.*

*Quindi, l'autostima dipende dalla formazione, e viceversa:
chi si stima, perché sa di valere, si procura la formazione che
consente di centrare obiettivi maggiori, più soddisfacenti.*

*La sintesi di questi elementi è nella grossa freccia verde
che vedi al centro della tavola: rappresenta i tre livelli della
<u>Coscienza di sé</u>, che parte dal livello spirituale, indicato qui
come <u>1. Consapevolezza</u>.*

*Segue l'elaborazione individuale, che determina quanto si sa
fare, davvero, nel mondo reale, non nelle intenzioni: il concetto
è indicato come <u>2. Abilità</u>. Questo è il livello mentale.*

*Infine, la verifica, indispensabile, perché i risultati devono essere
evidenti, misurabili, utili, il che, in questa tavola, si riassume
con il termine <u>3. Prestazione</u>. Corrisponde al livello fisico.*

*La formazione, insieme con l'allenamento, sono gli strumenti
che ti consentono di fare funzionare bene la tua vita, sempre:
il tempo passa e condiziona; di conseguenza la tua autostima
si colloca ad un certo livello; e perciò, per non rimanere
sopraffatti da quanto succede, conviene migliorarsi.*

1. **Innanzitutto ci vuole la Formazione:** hai bisogno di sapere di cosa ti occupi, in generale nella vita, e in particolare in ogni obiettivo che ti assegni, e in ogni situazione in cui ti trovi.

2. **Subito passiamo all'Allenamento:** si impara per mettere in pratica, perché senza pratica non si impara. Perciò, finalizza subito la tua preparazione: devi sapere che cosa vuoi ottenere.

3. **Corri, non c'è tempo da perdere:** va bene sognare ma serve un progetto scritto, bisogna subito mettersi al lavoro. Quindi, ti invito ad essere determinato nell'applicare quanto sai.

4. **Più ti prepari, più la tua autostima sale:** te ne rendi conto da te, e la sensazione è esaltante ... Ti migliori, sai che puoi farcela, i primi risultati arrivano ... Ce la stai facendo *davvero*!

5. **Il miglioramento nel lungo termine è triplice:** infatti aumentano i tuoi livelli di Consapevolezza (la visione che ti ispira), Abilità (il saper fare le cose), Prestazione (perché sono i risultati che contano: partecipare non basta, occorre riuscire).

Tutto chiaro? In questo libro troverai parecchie indicazioni etiche, e pratiche, presentate in modo semplice: soprattutto se si parla di argomenti astratti occorre capirsi, ecco perché io uso, spesso e volentieri, schemi, esempi, e anche un po' di leggerezza, e molta informalità, come dimostrano i miei numerosi video. I "paroloni" non ci aiutano, anzi: creano distanza e confusione, perciò ci occupiamo soltanto di dati e di soluzioni che funzionano. Siamo d'accordo?

Ho scelto di usare **un approccio diretto**, che ci immerge subito nell'argomento e ci porta a riconoscere l'essenziale, senza inutili giri di parole. E l'essenziale, soprattutto oggi, è evolvere, subito, su tre Piani: 1) Spirituale; 2) Mentale; 3) Fisico.

Do sempre del "tu" quando tengo seminari dal vivo, o dirette via internet, e anche nelle e-mail, e durante i consulti: **ora lo sai, abbiamo rotto il ghiaccio, così, quando mi contatti, inizia subito con il "tu", senza problemi,** <u>ovviamente nel massimo, reciproco, civile, rispetto</u>. C'è bisogno di dirlo? Forse sì, oggi, considerate l'ipocrisia, l'impreparazione, e la presunzione diffuse.

E appunto perché voglio parlarti in modo costruttivo e chiaro, in questo libro **troverai molti spunti, vitali e profondi, che stimolano i tuoi ragionamenti**, perché ho voluto creare un testo che fosse istruttivo e, al tempo stesso, anche piacevole da leggere, e soprattutto utile per arricchire la tua consapevolezza.

Come introduzione, secondo me, può bastare, e quindi propongo di passare al libro vero e proprio. Sei d'accordo?

Ricorda che se hai qualcosa da dirmi, o se ti servono chiarimenti, **puoi scrivermi** utilizzando il modulo della pagina "Contatti" del mio sito, che trovi qui: https://tinyurl.com/scrivi-a-clvqts

Ultimi 4 consigli, e poi decolliamo:
1. Sii disposto a imparare, e quindi a rivedere le tue certezze.
2. Non cercare approvazione nel mio discorso: ti passo dati.
3. Prendi appunti per imparare, non per confermare quanto sai.
4. Se scopri che hai sbagliato, in passato, correggiti e ricomincia.

Ci siamo? Bene, iniziamo!
Ci aspettano molti spunti intensi, profondi, elevati, e fertili.
Buona lettura e ottime riflessioni!

Luminosamente

Il tuo amico e life coach
Mario

1. Life coaching, crescita personale, miglioramento personale... Che cosa vogliono dire? A chi si rivolgono? Cosa offrono?

Domande giuste, e al tempo stesso impegnative!...

Ti rispondo con il mio stile, semplice e diretto, e poi, strada facendo, nelle pagine di questo libro, approfondiamo.

Partiamo da qui: vivere non è una cosa facile. E nemmeno una cosa automatica.

Qualcuno te lo deve insegnare: nasci senza un "istinto sociale" ... Infatti, hai bisogno di imparare tutto, per vivere in società.
E quello che ti insegnano serve per relazionare, in termini minimi: ti dànno le basi per parlare, leggere, scrivere; ottieni un titolo di studio... ma a scuola non impari cose fondamentali, tra cui:
- come usare il denaro: guadagno, risparmio, investimento;
- come pianificare e potenziare la tua carriera;
- come presentare, vendere, e farsi pagare;
- come negoziare, e come andare d'accordo;
- come creare un matrimonio che funziona;
- come essere genitore responsabile e costruttivo;
- come usare bene il tempo, per non pentirsi un domani;
- quale senso spirituale dare alla propria esistenza;
- e molte altre "cose" di questa importanza... "cose impegnative", appunto. E quotidiane, evidentemente.

Ora, il problema dov'è?

Il problema è nel fatto che siccome non hai un "istinto sociale" per vivere, e siccome a scuola non impari alcune abilità essenziali per vivere, tu non sei felice, e non sai come costruire la tua felicità. Forse ti aspetti che qualcuno te lo insegni, ma non c'è, nel percorso normale: **devi trovare tu, le risposte adatte a te.**

Qui entriamo in un argomento spinoso...

... forse, a te sembra che la felicità sia ridere, sentirti ammirato, andare in vacanza, spendere senza problemi... Questo è un "modello culturale": quando, poi, sei senza lavoro, il partner ti lascia, una malattia ti blocca, e provi un senso di insoddisfazione e malessere, ecco che il "modello culturale" del "divertiamoci sempre" si dimostra inadatto a vivere. **A te servono risposte.**
<u>A te servono metodi per gestire i vari aspetti della vita, e provare la soddisfazione di sentirti utile.</u> **Dove trovi quelle risposte?**

Alcuni le trovano nelle religioni, altri nella filosofia... Non tutti, però, sono d'accordo. E poi, lo dico con rispetto, non sempre è facile trovare delle risposte pratiche, quando tu hai un problema urgente. Una teoria non ti toglie la fame, e non paga le bollette. <u>Vorresti che qualcuno te l'avesse insegnato, ma non c'è...</u>

Mi spiego meglio: considera queste situazioni reali e dimmi dove trovi le risposte pratiche, subito, facili da capire, se tu ...

> ... <u>Sei stanco della tua routine</u> ... E ti senti incastrato, perché non puoi abbandonare tutto, e chi dipende da te, per non dire del lavoro ... Non hai alternative.

> ... <u>Non sai come organizzarti meglio</u> ... Scrivi elenchi di cose da fare che poi non fai, collezioni agende che alla seconda settimana dell'anno abbandoni, metti in ordine e dopo un mese sei ancora nel caos.

> ... <u>Vuoi cambiare tipo di lavoro</u>... Però ti accorgi che sei fuori mercato: certo, potresti studiare, ma non ne hai voglia, e poi ci manca quello, inserire pure lo studio dentro la tua routine che già adesso ti concede zero tempo libero. No, non vedi una via d'uscita.

... <u>Desideri pianificare un cambiamento</u> ... Ti concedi di immaginare, nel lungo termine, che fai le cose per bene, ma è un tuo fantasticare, che svanisce appena arriva un nuovo problema che ti spreme di più.

... <u>Cerchi nuovi amici, dopo tante delusioni</u> ... Sarebbe bello se tu fossi in una bella compagnia, di gente allegra, che si entusiasma ogni volta che ti vedono, ma anche qui, non sai da che parte iniziare, cerchi incontri online ma sono tutti un fallimento, al massimo esci per un aperitivo, incontri qualche persona, ma non crei una vera compagnia affiatata.

... <u>Vuoi relazionare meglio nella coppia</u> ... Cerchi di recuperare il tuo rapporto col partner, ma sembra che soltanto tu abbia questa intenzione: proponi ma non ti ascolta, il che ti deprime, e ti conferma che non andate d'accordo, ma temi la solitudine, e sopporti.

... <u>Vuoi un rapporto migliore con i figli</u> ... Perché ti sono ostili? Sarà la loro età difficile, ti ripeti: e non risolvi.

... <u>Ti senti bloccato e non sai ripartire</u> ... Qualsiasi cosa provi a sistemare scopri una valanga di cose da fare.

... <u>Hai un sogno nascosto nel cassetto</u> ... La tua ultima speranza: vincere alla lotteria, aprire un ristorante, scrivere un libro ... Tutte cose che non sai ottenere.

... <u>Sei in una fase di passaggio</u> ... *È una vita che te lo dici!*

Le risposte che ti servono sono quelle che ti aiutano a vivere meglio: <u>sono risposte che ti fanno "crescere", sul piano della consapevolezza. Sono risposte "complete", pronte da usare.</u>

E devono essere risposte pratiche, che utilizzi nella vita di tutti i giorni, senza scomodare grandi sistemi di pensiero.

Dove trovi quelle risposte? C'è qualcuno che sa insegnartele?

Il life coaching, se è etico, *potrebbe* essere una fonte di risposte.

Lì trovi risposte senza sentirti in colpa, o impreparato, o peccatore. E nemmeno malato, ridicolo, inconcludente.

Semplicemente, il life coaching ti aiuta a mettere chiarezza nelle tue idee, riconoscendo le tue vere esigenze, e le priorità che meritano la tua attenzione e il tuo coinvolgimento.

Quindi, il life coaching si rivolge a persone che vogliono vivere con soddisfazione, sapendo di fare la cosa giusta, in armonia con il loro ambiente. Il life coaching incoraggia e rasserena.

Nel mondo di oggi queste risposte non ci sono, eppure servono: esiste un "vuoto", a livello di valori, e di orientamento nella vita, che si può colmare per mezzo del life coaching, serenamente, senza fanatismi, nel rispetto dell'Essere Umano.

Spero che, sino a qui, ti sia tutto chiaro. Come dicevo all'inizio, l'argomento è vastissimo, eppure merita la tua attenzione. Per capire meglio che cos'è il life coaching per come lo conosco e pratico io, leggi anche le risposte in questa pagina del mio sito: https://tinyurl.com/quale-coaching . Terminata la lettura del libro, rileggila, e capirai ancora meglio: ripassare aiuta molto.

Nella pagina seguente trovi la Tavola 3, in cui riassumo questi concetti per mezzo di uno schema: tra te e la tua meta ci sono ostacoli, e a te servono risposte per superare gli ostacoli.
Sì, lo schema semplifica molto, forse troppo: ma rende l'idea.

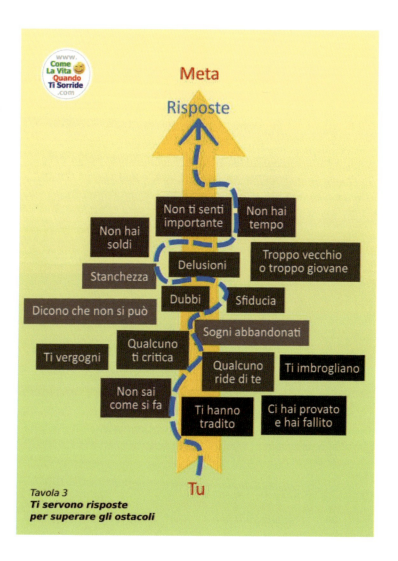

Tavola 3
Ti servono risposte per superare gli ostacoli

Osserviamo insieme la Tavola 3

Per vivere ti occorre avere una <u>Meta</u> etica, perché, in questo modo, hai una direzione, una forte motivazione, e meriti di ricevere riconoscimento, soddisfazioni, e sostentamento.

La meta deve stare in alto, ben visibile davanti a te: questo a livello spirituale e mentale. A livello fisico <u>Tu</u>, in certi periodi della tua esistenza, potresti sentirti in basso, addirittura all'opposto, rispetto alla tua meta: succede a volte, a tutti.

Quando hai una meta chiara etica, in alto davanti a te, vedi qualcosa di confortante, quando alzi lo sguardo: senza una meta di valore, invece, quando alzi lo sguardo vedi soltanto ostacoli pesanti, pericolosi, deprimenti, enormi, insormontabili.

Intendiamoci: gli <u>Ostacoli</u> ci sono, per tutti, a qualsiasi livello, e servono per allenare il carattere, la tenacia, l'ingegnosità, mantenendosi integri e coerenti. Gli ostacoli sono un ottimo esercizio per diventare più etici, e, dunque, più affidabili.

Grazie alla meta etica che scegli di assegnarti, di rispettare, e di servire, trovi le <u>Risposte</u>, e dài un senso al tuo percorso esistenziale che non è sempre diritto, facile, e veloce.

Sulla distanza, considerando gli ostacoli che hai superato su ogni piano, quando ti sembrava che tutto fosse complicato e contraddittorio, scopri che, in realtà, sul piano spirituale, le esperienze che hai fatto nel piano fisico ti hanno potenziato il carattere; e le abilità che tu hai ora sono state le risposte che, a livello mentale, hai creato, nonostante gli ostacoli.

Perciò: abbi evidente la tua missione nella vita, e realizzala. Vivendo per servire la tua meta etica scopri il senso della vita.

2. Il life coaching è una novità? Una moda che presto passa? Quale effettivo valore propone?

Sicuramente da poco tempo (dal 1980, anno più, anno meno) si parla di life coaching, con questo nome: **secondo alcuni, il merito va a Thomas J. Leonard, un pianificatore finanziario** (https://tinyurl.com/thomas-j-leonard). Ideò il life coaching quando si accorse che i suoi clienti, persone "normali", che avevano già dimostrato di riuscire nella vita, senza bisogno di ricevere trattamenti di psicoterapia, gli chiedevano, spesso, consigli per "vivere meglio", gestendo le situazioni quotidiane.

Leonard trasformò la sua attività professionale: passò dai consigli finanziari, per fare soldi, ai consigli saggi, per pianificare la vita.

L'idea di consigliare per ottenere prestazioni migliori viene dal mondo dello sport: in effetti, "coach" significa, anche, "allenatore", in inglese. Questo ruolo apparve un secolo prima, attorno al 1880.

In mezzo, **tra il 1880 ed il 1980**, ci sono stati tanti pregevoli autori che hanno reso evidente l'importanza dei consigli di un "coach" applicati al di fuori dell'ambiente sportivo: infatti, ci sono manager, imprenditori, politici, persone comuni, che da tempo ricevono abitualmente il supporto dei life coach.

Com'è facile immaginare, si sono moltiplicate le specializzazioni in questo settore: esistono coach per il business, per le relazioni, per la spiritualità, per ogni genere di attività in cui serve avere carattere e idee chiare... Se ci pensi, ogni attività lo richiede ...

In questa grande varietà non c'è da stupirsi se i metodi usati sono differenti, partendo da teorie differenti: è normale che professionisti diversi, in periodi diversi, in nazioni diverse, forniscono consulenze diverse. È giusto che sia così, ti pare?

42

Questo argomento è stato affrontato da Vikki Brock, di cui puoi leggere un poderoso trattato (https://tinyurl.com/vikki-brock-source-life-coach) a proposito dell'evoluzione di questa attività, i cui confini, e gli sviluppi, sono ancora in evoluzione.

Per dirla tutta, il primo a invitare le persone a ragionare, ponendo loro delle domande, per trovare le risposte essenziali, adatte a quelle persone, **fu ... Socrate, e risale a circa 2600 anni fa!** Come vedi, serve! (https://tinyurl.com/metodo-socratico)

<u>Il sistema di Socrate consisteva nel porre domande dirette, stringenti, per mettere in evidenza le convinzioni inutili, da scartare, e per trovare le risposte adatte alla persona.</u> Tutto questo detto in modo semplice, senza complicazioni astratte, e senza voler convincere nessuno. Soltanto i fatti contano. (In effetti, anch'io faccio così: porre domande dirette, che mirano alla praticità, è il metodo migliore per risolvere ogni problema.)

Dopo venne Platone, che, con i suoi *Dialoghi* (https://tinyurl.com/dialoghi-platonici), **spinge ad andare al di là dei luoghi comuni, per rendere il pensiero più raffinato,** incisivo, e, dunque, di maggiore utilità pratica nell'affrontare la vita di tutti i giorni.

<u>Quindi, non direi che il life coaching sia una moda, e nemmeno che si tratti di qualcosa di recente</u>: quel che è cambiato, dalla Grecia antica a oggi, è la diffusione, su larga scala, del concetto di miglioramento della prestazione: è un bisogno diffuso, ora.

Infatti, oggi, grazie alla sistematizzazione del concetto, e alla sua divulgazione, facilitata dagli enormi cambiamenti tecnologici, <u>il life coaching è stato "confezionato" in modo nuovo, per le esigenze del pubblico di oggi</u>. Le finalità sono ancora uguali a quelle di Socrate e Platone, ossia porre domande per "tirar fuori" soluzioni etiche, che risolvono i problemi, e ispirano.

È fondamentale che tu diventi responsabile di te, nel più ampio senso: cioè 24 ore su 24, cosciente delle conseguenze delle tue azioni, nel tuo *enorme* raggio d'azione, che comprende lo spazio in cui vivi, e gli effetti sulle persone che raggiungi, *considerando anche chi non conosci, e si trova lontano, eppure è influenzato dalle tue scelte*. Ad esempio: la tua decisione di guidare un preciso modello di automobile condiziona il tuo rendiconto finanziario personale, coinvolge la tua famiglia, e, per chi ti vede, rappresenta una pubblicità, sia di quella marca, sia dello stile di vita che tu impersoni, e che suggerisci agli altri, anche se non vuoi, e anche se non ne sei consapevole.

Le citazioni di autori importanti valgono come orientamento: io stesso dico di essere come "un cartello stradale", perché indico dati e sviluppi, che hanno senso soltanto per chi li fa suoi.

Consìderati responsabile delle tue azioni: sempre, tutte quante, successi e insuccessi ... Sì, lo so, non ti piace fallire: ma se lo ammetti, ti collochi al centro della percezione del tuo operato, e capisci perché hai fallito, e cosa devi correggere.

Se ti sforzi per apparire vincente, e sottolinei i tuoi punti forti per nascondere quelli deboli, ti stai danneggiando: infatti, i punti deboli rimangono irrisolti; quando si ripresentano tu sei ancora impreparato; e nel frattempo rafforzi comportamenti fallimentari, che altri vedono e ingenuamente copiano.

Meglio affrontare le cose come stanno: se sbagli, devi saperlo.

Ecco perché **quanto dicono gli altri**, fossero anche i più famosi life coach, o addirittura i Maestri spirituali, **ha valore, per te, nella misura in cui tu trasformi le loro parole in un significato attuale, pratico, misurabile, fertile, etico,** nella porzione di spazio-tempo che occupi: tu sei comunque responsabile, e influenzi gli altri.

L'effettivo valore che il life coaching propone, nella sua forma moderna, è la scoperta del ruolo importante che ciascuno ha nel fondare, e nel governare, la propria esistenza.

Ad esempio, tu puoi notare una situazione stressante che ti disturba da parecchio tempo, e puoi partire da lì, da quella tua percezione, per una revisione globale del tuo stile di vita: una revisione lucida, consapevole, che mira a creare, da te, con la supervisione del tuo life coach, nuove responsabilità, e comportamenti più adatti all'essenza che riconosci di essere.

Molto probabilmente, quando ti occupi di migliorare UNA situazione che non va nella tua vita, ti accorgi che devi creare un nuovo assetto generale, per la tua esistenza: infatti, NON esiste UNA singola situazione che non va, mentre tutto il resto è perfetto ... **Riconosci che tu sei la sintesi delle scelte tue personali, e delle scelte sociali, e storiche, in cui vivi**.

Il life coaching responsabilizza la persona, che, di conseguenza, impara a gestirsi con più fiducia, e ad agire, pubblicamente, in modo più coordinato e lungimirante. **Si crea un flusso di consapevolezza, una sorta di "spinta etica"**, che rende la persona capace di superare gli istinti e i problemi, grazie alla formazione che innalza il suo valore sociale, e crea progresso: **questi concetti sono riassunti nella Tavola 4, e poi te li spiego per bene, nel corso del libro.**

Arriverai a capirli tutti, ne sono sicuro, ma volevo anticiparti questo, per rassicurarti, casomai tu ti stessi domandando se sei capace di cambiare, alla tua età: sai, molte volte ci crediamo incapaci soltanto perché prima abbiamo fallito ... **Ma non vuol dire niente: *adesso* impari, e non fallisci. Ti pare?** È una questione di metodo, pratica, revisione, e impegno.

Perfeziona quanto sai, elimina l'inutile, impara quanto serve.

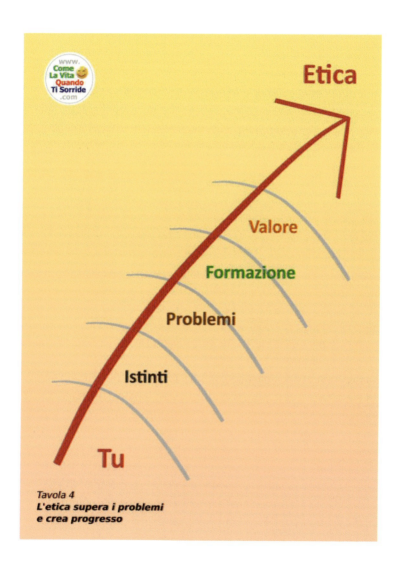

Tavola 4
L'etica supera i problemi e crea progresso

Osserviamo insieme la Tavola 4

Tu esisti: nella tua percezione, anche ai livelli minimi, ti accorgi quando hai fame, sete, sonno, e provi dolore, fisico e mentale. Questo succede in base agli Istinti del corpo fisico modello Homo Sapiens che utilizzi, e che hai imparato a riconoscere.

Ma gli istinti non ti consentono di vivere nella società, e non puoi nemmeno vivere in modo selvaggio, in natura, perché il corpo fisico modello Homo Sapiens che usi non è adatto per resistere ai cambiamenti climatici, nutrendosi di quel che trova nei boschi, e dormendo in qualche grotta: un simile stile di vita non è adatto al corpo che usi. Quindi, non puoi basarti sugli istinti.

Così devi accettare un'evidenza che all'inizio offende il tuo orgoglio e la tua voglia di libertà: cioè devi accettare il fatto che devi relazionare con gli altri e devi rispettare le regole sociali, per avere in cambio le comodità necessarie al corpo fisico che usi.

Occorrono diversi anni, per passare dall'egoismo dell'infanzia alla collaborazione della condizione adulta, e non tutti ci riescono: molti adulti continuano ad essere capricciosi, egocentrici, inconcludenti perché non vogliono rispettare le regole sociali.

Opporsi alla società crea Problemi: la soluzione è la Formazione. Come minimo, impari a leggere e a scrivere, prendi un diploma e trovi un lavoro: questo, ripeto, è davvero il minimo per vivere.

Infatti non basta un diploma: ti serve una formazione superiore, non soltanto per la tua carriera, ma, soprattutto, per passare dall'egocentrismo capriccioso alla cooperazione, che ti rende capace di produrre Valore, e di offrirlo per creare Progresso.

Per superare i problemi, ed evolvere, devi vivere in modo etico.

3. Il life coaching è una terapia? Che differenza c'è tra life coaching e trattamento psicologico?

No, il life coaching non è una terapia. Per essere life coach attualmente, nel 2022, non occorre essere medici o comunque qualificati per prescrivere terapie o cure di qualsiasi tipo: infatti, **il life coaching consiste nel parlare insieme**, con chiarezza di idee, per valutare le azioni da fare. C'è libertà di parola, per adesso.

Chiaramente, il "parlare del life coach" non è una chiacchierata paragonabile a quella che potresti fare con un amico o con un estraneo: il life coach, consapevolmente, stimola un processo creativo, per mezzo delle tecniche che usa, in modo che il cliente rifletta, si senta ispirato, e trovi la voglia di organizzare le proprie risorse e dare il meglio di sé. È un "parlare" con obiettivi precisi.

Ci sono, inoltre, sostanziali differenze tra il life coaching e i trattamenti psicologici: ne riconosco quattro, principalmente, che riassumo nei seguenti paragrafi.

- **Il life coaching punta al futuro:** non enfatizza i traumi del passato e ti riconosce la capacità, oggi, di creare consapevolmente il tuo futuro. Un life coach non esplora i ricordi della tua infanzia pretendendo che ti condizionino ancora adesso: piuttosto, ti invita a riconoscere le risorse che hai oggi, e la tua crescente esperienza. Ti considera capace di capire e di fare.

- Il secondo punto, infatti, riguarda **la convinzione, di base, presente nel life coaching, secondo cui la persona è sana e può ottenere buoni risultati:** se ancora non c'è riuscita, è successo perché non conosceva le corrette strategie per riuscirci. Quindi, non si usano psicofarmaci, nel life coaching: si parla.

Nel life coaching la persona che non si è ancora realizzata viene considerata "soltanto impreparata", e non "un malato che dev'essere guarito".

- **Terzo punto: il life coaching punta ai risultati. Risultati pratici, misurabili. Cose vere, fatte sul serio.** <u>E chi realizza quei risultati? Tu.</u> Il life coaching ti considera, a priori, responsabile di quanto fai, e del miglioramento che puoi realizzare. Ti considera capace di capire, di valutare, di organizzarti, di decidere, e di agire. Il life coaching non nasce da dottrine più o meno astratte, fondate su princìpi più o meno dimostrabili, che tuttavia pretendono la tua totale obbedienza, *"perché soltanto così diventeresti normale"* ... Il life coaching ti considera normale, capace, e dunque responsabile, e ti invita a investire le tue qualità.

- **Quarto punto, per me fondamentale, per come io pratico il life coaching, è la dimensione etica,** <u>che è assente nelle psicoterapie: per me, invece, è centrale</u>.

<u>Per "etica" intendo quanto esprime la radice greca di questa parola, ossia *"etò"*, che indica la creazione consapevole di ciò che funziona, e dunque che è vitale</u>, perché consolida, e favorisce, la vitalità, le prospettive di futuro, nel rispetto reciproco, sulla base di dati verificati dall'esperienza, volendo realizzare da subito il miglior benessere materiale e al tempo stesso spirituale, per il maggior numero di esseri, per il più lungo tempo possibile, in buona armonia, con precisione.

<u>È un concetto antico, che ci arriva dai filosofi greci, e si sviluppa nel pensiero di Jeremy Bentham, David Hume, ed Herbert Spencer</u> (https://tinyurl.com/clvqts-utilitarismo). **Io ne parlo in modo chiaro e attuale:** *l'etica è una scelta razionale consapevole*.

Il life coaching, per come io lo conosco e pratico, inserisce
le nuove decisioni della persona, relative al suo miglioramento
personale, all'interno di un quadro generale, sociale, spirituale,
in cui l'aspetto etico è fondamentale: io dico sempre che ...
"se migliori tu, allora migliora il mondo".

Nelle psicoterapie il concetto di etica come l'ho spiegato qui,
e il concetto di responsabilità sociale e spirituale, mancano,
perché l'individuo è considerato "malato" se non si trova bene
nell'attuale sistema politico materialista, che è grottesco,
contraddittorio, prive di un punto d'arrivo. **Tutto ciò è
dimostrabile ... Qual è il piano di sviluppo per l'umanità?**
Non c'è: si decide di volta in volta, per mezzo delle guerre.

E tra una guerra e l'altra non si crea la pace, anzi: si creano
ulteriori ricatti economici, che portano a nuove guerre.

Ha senso, tutto ciò? Esiste un organismo mondiale per
il buonsenso delle nazioni, dell'economia, e degli individui?

SOPRATTUTTO: Esiste un piano per armonizzare la Storia
umana all'interno dello scenario in cui ci troviamo, considerati
l'essenza spirituale degli Esseri Umani e il Grande Disegno?

**A queste domande, la società attuale, molto superficiale,
non ha risposte, o impone dogmi:** e quindi, come possono le
psicoterapie considerare "normale" un individuo che accetta
simili contraddizioni? *Quale diritto ha, la "normalità" creata
da chi accetta queste atroci contraddizioni, di imporsi a tutti?*

Sono basilari, le differenze tra il life coaching che pratico io
e le psicoterapie, perché sono diversi i presupposti e le finalità:
**se capisci questi concetti, allora puoi apprezzare la qualità
etica dei miei consulti, e, in generale, di quanto insegno.**

4. Che differenza c'è tra il life coaching e una buona chiacchierata con un vero amico?

L'amicizia non qualifica per fare il life coach: l'affetto che un amico prova per te non lo rende distaccato e costruttivo come un life coach che segue un metodo valido. Le sue buone intenzioni non bastano: serve un quadro etico di riferimento.

Inoltre, una chiacchierata con un amico non è strutturata per raggiungere un preciso obiettivo concordato. Non segue un calendario: non prepara un programma di incontri.

Invece, ci vogliono degli appuntamenti chiari, stabiliti, ad orari precisi. Dev'esserci la prospettiva di un impegno che dura mesi: io, come minimo, consiglio sei mesi, di fitto confronto (una volta ogni 15 giorni, per intenderci). Con un amico non puoi realizzare questo: non vi prendete un simile impegno, con metodo.

È chiaro, e dev'essere così, perché l'amicizia si basa su affetto, complicità, scherzosità, aiuto spontaneo, cioè si basa su altro.

E, probabilmente, se l'amico ti vede in difficoltà, tende a consolarti, forse addirittura a proteggerti: il che non ti aiuta, anzi, potrebbe convincerti che tu vai bene nel ruolo di "vittima da consolare", e per continuare a provare quella sensazione gradevole, in cui ricevi attenzione, non risolveresti il problema, per rimanere "eternamente vittima" e ricevere compassione.

Vedi, il punto essenziale, qui, riguarda la responsabilità: l'amico non ti spinge a diventare responsabile. Succede perché evita di metterti davanti alle tue contraddizioni. Probabilmente ti dà un consiglio affettuoso, piuttosto che invitarti a porti delle domande acute per spingerti a "scavare dentro di te", per far emergere a cosa punti, realmente: non ti fa evolvere.

È una questione di ruolo: il life coach entra nel problema, pone domande precise anche se sono scomode, è diretto, vuole esserlo, deve esserlo, serve per misurarti negli argomenti che ti creano disagio, per farti capire cos'è quel disagio.

Un amico non si comporta così: teme che, se fosse troppo sincero, tu potresti offenderti, e non vuole esporsi troppo, perché teme la tua reazione … e quindi, un amico evita ogni argomento "difficile" anche se potrebbe essere risolutivo: un motivo di più per non illudersi di sostituire un consulto di life coaching con una chiacchierata con un amico, magari al bar, bevendo una birra, o a casa, mangiando gelato mentre si guarda un film sdolcinato. Non funziona: non funziona proprio.

Considera, poi, anche questo: magari il tuo amico è parte del problema. Magari devi uscire dal tuo ambiente, per risolvere la situazione che ti pesa. Forse il tuo amico non te lo dirà, soprattutto se ti vuole vicino a sé. Ha i suoi interessi, non ti vuole perdere, e non vuole sentirsi causa della tua sofferenza: ecco un altro motivo di più per rivolgerti ad un life coach.

Il tuo amico, inoltre, potrebbe voler fare soltanto una chiacchierata: non capisce come stai, non considera grave la tua situazione, e magari, appena dopo che tu hai iniziato a parlare davvero di te, interrompe il discorso perché vuole raccontarti cosa fa lui, e chiede a te la tua opinione, in una sorta di scambio, che potrebbe trasformarsi in una reciproca consolazione … Sarebbe un pasticcio. Non complicare le cose, soprattutto perché sei già nella confusione e quel che ti serve è chiarezza.

Il life coach non si aspetta, e non ha bisogno, di ricevere il parere del cliente: un vero consulto di life coaching è interamente focalizzato sul cliente, non c'è uno scambio di opinioni, e di frasi ovvie, così, tanto per far passare il tempo.

Life coach e cliente non sono sullo stesso piano: pensa ad un coach sportivo... Secondo te, un allenatore di calcio allena un calciatore, e poi, ogni tanto, il calciatore si siede in panchina e l'allenatore entra in campo per segnare qualche gol? Ti pare credibile, e sensato, uno scambio di ruoli? Ovviamente no...

E considera, anche, il fattore della discrezione: il life coach non parla dei fatti tuoi con altre persone. Il tuo migliore amico, messo sotto pressione, potrebbe tradire la tua fiducia.

Ripeto: evita questo genere di complicazioni, che facilmente non esistono nemmeno, se, per portare chiarezza nel tuo stile di vita, ti rivolgi ad un life coach piuttosto che ad un amico.

Comprendo la necessità di sentirsi a proprio agio con il life coach: io, infatti, consiglio SEMPRE di SCEGLIERE il life coach con cui si vuole creare un percorso di crescita personale, perché è fondamentale sentirsi in sintonia con il proprio life coach.

Per questo preciso motivo, io scelgo di essere il life coach soltanto per chi è in sintonia con me, con i miei contenuti, con il mio stile: giro apposta molti video anche per dare modo, a chi mi vede, di valutare se, e quanto, si trova d'accordo con me, con quanto propongo, e se sta bene con me, e si fida di me.

Quindi, sì: bisogna sentirsi a proprio agio con il life coach che si sceglie, **MA questo NON significa che il life coach diventa intimo e tollerante come un amico: se lo diventa, non è un life coach.**

Insomma, gli argomenti sono molti, per dimostrare che, se vuoi un vero aiuto per diventare più abile nel gestire alcuni aspetti pratici della tua vita, ti conviene rivolgerti ad un life coach: ti serve un supporto professionale che ti consente di analizzare, in modo veramente diverso dal tuo solito, il modo in cui vivi.

L'abitudine alle comodità e agli automatismi distrugge la forza del carattere: è pratico disporre di strumenti idonei artificiali, come una sedia, un paio di occhiali, un pianoforte, un computer, a condizione che li usi tu, e che non ti fai usare da essi.

Sono, appunto, degli strumenti, da usare per ottenere risultati.

Se invece di impegnarci, per creare opere etiche, ci rilassiamo, usando cose fini a sé stesse, come un televisore, un videogioco, un qualsiasi sistema automatico, **ci abituiamo a non esprimere vigore, a non avere un'opinione, e perdiamo il contatto con la realtà:** ci sembra di governare il mondo, ma siamo persi dentro impressioni virtuali. *Se diventiamo assenti, il nemico ci sottomette.*

Letture, cinema, viaggi, sono validi se li usiamo come strumenti per realizzare la meta etica che serviamo: ma se li usiamo per distrarci, assaporando il conforto che ci dànno, ci indeboliamo.

Meglio che affronti le cose scomode, altrimenti ti indebolisci: un amico che ti consola, e un approccio buonista, ti fanno male, nel lungo termine. Al momento ti rassicurano, perché tu, se sei abituato alle comodità, appena ti succede qualcosa di impegnativo scappi, e se contiene dolore cadi nello sconforto: con un carattere così debole cerchi subito qualcosa per non sentire, non ragionare; accogli ogni illusione che ti coccola, e non valuti le conseguenze.

I vari tranquillanti, chimici e virtuali, sono molto dannosi, non soltanto per la salute, perché alterano le funzioni del corpo fisico, ma soprattutto perché ti abituano a non risolvere i problemi.

Pretendere di vivere soltanto nelle comodità automatiche rassicuranti fa il gioco della propaganda, che prospera se non ci accorgiamo del male ampiamente diffuso: *meglio capirlo e agire in modo etico, per non finire schiavi in un incubo, confinati e distanziati.*

Viviamo in un'epoca arida di affetti, perché la propaganda ci tiene separati, impauriti, distanziati, e ci coccola nel virtuale, per mezzo di spettacoli, videogiochi, metaverso, illusioni.

In questo squallore istituzionalizzato, che pare definitivo per via del super-controllo esercitato dall'intelligenza artificiale, **stiamo male: cerchiamo ascolto immediato, piuttosto che soluzioni.**

> Vogliamo parlare e sentirci al sicuro, capiti e accolti con affetto: in apparenza un simile desiderio è umano, e va bene, nei rapporti interpersonali tra persone che sono già in equilibrio.
>
> Ma se un individuo non è in equilibrio, ha bisogno, innanzitutto, di riequilibrarsi, NON di simulare che tutto va bene.

Alcuni, in disequilibrio, pensano di "usare" il consulto per fare quelle due chiacchiere in amicizia che non sanno fare altrove.

Come ti ho già detto, e voglio ripeterlo, PRIMA devi ritrovare l'equilibrio, e in questo il life coach, in quanto professionista distaccato, ti aiuta; DOPO, una volta che su basi etiche hai ritrovato l'equilibrio, procedi per conto tuo, RIVALUTANDO le risorse che hai nel tuo ambiente, e nella tua storia personale.

L'errore che ti ho descritto, cioè scambiare il consulto di life coaching per un "surrogato di amicizia", deriva, in parte, dall'idea, sbagliata, che ci si fa se si suppone che il life coaching sia una specie di terapia psicologica, in cui, per parecchi anni, si va a parlare di tanto e di nulla, e quel parlare diventa quasi un sostituto dei rapporti umani: ma non è il mio caso, per quanto io so del life coaching, e per come lo pratico, in chiave spirituale, cioè con l'obiettivo di farti capire che tu sei un Essere Umano abile, a priori, e che **se ti trovi bloccato è perché hai dimenticato la centralità della tua responsabilità nella tua vita.**

Osserviamo insieme la Tavola 5

Tu vuoi avere Successo: hai bisogno di raggiungere una condizione in cui provi sicurezza e ricevi ammirazione. Giusto ed evidente: meno chiaro è, per molti, il modo per riuscirci.

Molti pretendono che il successo che sognano venga regalato loro: non vogliono impegnarsi e supplicano che qualcuno, chissà perché, lavori al posto loro, e consegni loro il successo.

Chi si illude di arrivare al successo grazie a miracoli e a raccomandazioni, preferisce presentarsi come debole, Malato, Vittima, per mendicare compassione: spera che qualcuno, forte e generoso, abbia pietà di chi si dichiara povero e miserabile.

Un simile atteggiamento non funziona: devi agire tu, perché tu sei un Essere Spirituale, capace di creare spazio e tempo, se accetti di uscire dal tuo egoismo infantile e se diventi adulto.

Per raggiungere il successo hai bisogno di capire come funziona lo scenario in cui ti trovi: la tua comprensione determina la tua capacità di riuscire. Non aspettare l'aiuto di qualcuno: sii, tu per primo, una persona capace di realizzare opere di valore. Ti presenti male, e ti auto-saboti, se reciti il ruolo del poveretto.

Fondamentale è la Comprensione della tua condizione di Essere Umano: tu hai la piena Responsabilità di come vivi, e puoi diventare più abile; a quel punto, scegli con attenzione ogni tua Azione, perché sai che il tuo comportamento determina se, quando, come, e per quanto tempo, raggiungi il successo.

Tu hai diritto di realizzarti nel corso della tua esistenza: questo ti onora, e fa parte del senso del Grande Disegno. Perciò, diventa un degno rappresentante del successo a cui aspiri.

5. Il life coaching usa tecniche di persuasione occulta? Si serve di qualche forma di suggestione?

Un vero life coach non ti deve convincere di nulla: anzi, è vero il contrario, ti porta a sentirti capace di decidere per conto tuo.

La persuasione occulta non serve, anzi, danneggia: è l'esatto contrario della civiltà. La usano gli avidi sprovveduti senza argomenti, che mirano soltanto a derubarti e a renderti schiavo.

Ricevi già "tonnellate" di persuasione occulta e di manipolazione mentale ogni giorno: pubblicità, telegiornali, politica, tv, cinema, gossip, videogiochi, mode, tutti ti vogliono convincere che sanno cose più importanti di quelle che conosci tu, e perciò, *secondo loro*, tu dovresti cambiare il tuo comportamento, e fare soltanto ciò che propongono: si impongono come *"la verità da seguire"*. Ridicolo!

E se non obbedisci a questi "esperti", se non modifichi il tuo comportamento per assecondarli, se conosci poco o per niente le ultime notizie, allora se non sei alla moda; se i tuoi punteggi ai videogiochi sono bassi, se non sei sui "social" e se non ti fai tanti "selfie", **quegli "esperti" si arrabbiano contro di te**, e, per mezzo della persuasione occulta e della manipolazione mentale, ti fanno sentire scadente, ridicolo, fuori luogo, stupido, *addirittura contro il "progresso"*: **insomma, ti considerano da ignorare e da eliminare.** Le sensazioni che vogliono suscitare in te variano, ovviamente, a seconda del prodotto che ti presentano, ma l'obiettivo è quello: ossia uniformarti, toglierti l'identità, renderti dipendente da loro.

C'è anche la persuasione di chi ti sorride e ti seduce per ottenere da te un favore: anche nel piccolo giro di persone che frequenti c'è sempre qualcuno che vuole ottenere la tua collaborazione; per riuscirci, ti suggestiona "pungendoti" nei punti deboli del tuo carattere, per piegarti e per sfruttarti.

Così, tu, tra una pubblicità, un sorriso falso, una notizia tragica che ti spaventa perché ti presenta il mondo come se fosse infinitamente cattivo, **sei sotto un continuo "bombardamento" di persuasioni, e molte di quelle arrivano a segno...** Ti convinci che le cose siano brutte, tristi, pericolose, e non sai che fare...

No: ripeto, un vero life coach non ti vuole persuadere di nulla. È vero il contrario: **un vero life coach ti aiuta a riconoscere gli schemi mentali che ti hanno convinto a considerarti una nullità.**

Il life coaching serve per liberare la mente dall'oppressione, affinché la persona possa considerare scenari più vasti, in cui opera consapevolmente, e con responsabilità, sentendosi felice.

Un vero life coach non usa la suggestione per dominare il cliente perché la suggestione non aiuta: l'obiettivo di un vero life coach è portare il cliente a ragionare, consapevolmente, proprio perché troppo a lungo è già stato suggestionato, da credenze sociali, mode, pubblicità, e tanti condizionamenti "minori" che arrivano dal chiacchierare del più e del meno, magari con qualcuno che ripete quanto ha visto e sentito in un film, o al telegiornale...

Sono tanti i tipi di suggestione che possono catturare l'attenzione di una persona, e tenerla prigioniera, impedendole di dedicarsi alla realizzazione dei progetti che la persona ritiene importanti: il life coaching punta a rendere evidente, alla persona, ciò che la tiene bloccata, per andare oltre, e creare lo stile di vita che la persona considera adatto a sé, in una prospettiva coerente.

Perciò, escludo a priori che per un vero life coach ci sia bisogno di condizionare il cliente, poiché lo scopo di un consulto di life coaching è rendere il cliente consapevole della propria abilità: se per riuscirci occorre imparare qualcosa, s'impara meglio quando si è trattati con rispetto, e fiducia, in modo leale.

6. Qual è l'obiettivo sempre presente in un vero consulto di life coaching?

<u>Per come io conosco e pratico il life coaching</u>, dico che l'obiettivo essenziale **consiste nel risvegliare la conoscenza di sé stessi, nel senso più ampio, elevato, oso dire spirituale**: per "spirituale" intendo il fatto che tu non sei il tuo corpo fisico, perché le tue ambizioni vanno oltre quelle del corpo fisico, e perché puoi immaginare cose che non hai mai sperimentato con il corpo … È facile dimostrare che tu non sei il tuo corpo fisico: se puoi sognare qualcosa che non deriva da esperienze già fatte, è chiaro che puoi creare, per mezzo del pensiero. In effetti, la civiltà nasce dall'immaginazione.

Quindi, l'obiettivo sempre presente in un consulto di life coaching (*parlo per me, è chiaro, per come io conduco un consulto*) è sempre quello di <u>portare la persona a capire che il benessere che cerca si realizza pienamente quando la persona sceglie uno stile di vita che la mette in armonia con il mondo</u>. A volte, la vita propone situazioni dure: eppure bisogna armonizzarsi.

Certo, **nel breve termine si cerca una strategia** per andare d'accordo con i colleghi, o per parlare in pubblico con più sicurezza, questi sono i problemi urgenti che il life coaching può risolvere: **ma se di fondo si è infelici, allora serve "di più"**.

> Infatti, va considerato il quadro generale, in cui la persona ha i suoi riferimenti, e in cui vive. Ed è a quel "di più" che io punto.

Infatti, io porto, la persona che mi chiede un consulto, a considerare l'intero quadro, in cui il problema si manifesta: **il problema è appena il "sintomo" del bisogno di attivare un equilibrio generale**, perché non basta inserire un piccolo cambiamento, aspettandosi che esso, da solo, sistemi tutto.

Per capirci, riprendiamo uno dei due esempi citati qui sopra: se hai bisogno di imparare una strategia per andare meglio d'accordo con i tuoi colleghi, che ne dici di esplorare il tuo modo di lavorare? Quanto ti piace? Quanto ti realizza?

E inoltre: gli "attriti" con i colleghi che vuoi risolvere, indicano la presenza di altro, da sistemare? Che cosa ti viene in mente?

E più in generale, che cosa ti farebbe stare bene? Quale sarebbe il tuo lavoro ideale, nel tuo scenario ideale? Chi ti piacerebbe essere? Per fare cosa? Per donare al mondo cosa?

Come vedi, partendo da un piccolo fatto concreto, evidente, misurabile, come una difficoltà nel comunicare, e ponendo le giuste domande, si allarga molto, l'orizzonte considerato: l'obiettivo è capire quale sarebbe lo stile di vita ritenuto idoneo, per sentirsi realizzati, e utili. Se lo capisci, lo realizzi.

Nei miei consulti c'è sempre il puntare a una visione globale, appagante, intensa: <u>cioè "spirituale", come ho spiegato qui sopra</u>. *La spiritualità ci evita di affondare nell'egoismo.*

Lo faccio perché c'è questa necessità, ed è il motivo per cui esiste il life coaching: le risposte "ufficiali" dei massimi sistemi di pensiero, le opinioni degli esperti, possono ispirare, ma poi, <u>nel quotidiano, la persona deve trovare risposte complete, a tutte le sfide che incontra...</u> **e deve saperle attivare da sé**.

Alcuni credono che sarebbe bello rinchiudersi in una nicchia, e vivere lì, indifferenti al mondo, sperando che il mondo li lasci in pace: alcuni life coach, che incoraggiano tale atteggiamento di fuga, si definiscono *"life coach specializzati, di nicchia"*.

Io no: mi occupo di tutti gli argomenti, <u>perché li viviamo tutti</u>.

Da me trovi affrontati tutti gli argomenti del vivere perché
la persona li trova tutti, nella vita … <u>E deve risolverli tutti, da sé.</u>

Infatti, anche se non lo vogliamo, a volte ci sono eventi dolorosi,
tragici, che ci riguardano direttamente e che ribaltano il nostro
quieto vivere: **non ci sono "nicchie" che ci proteggono e che
ci evitano di subire i traumi.** <u>Crederlo, e farlo credere, è dannoso
perché altera i dati da considerare: illude e rende incapaci,</u>
perché convince che sia possibile "chiudersi dentro una nicchia
sicura, dove non ci sono i problemi del mondo", il che, come
dimostrano i fatti, se ci concediamo di verificarli, non è vero.

**Quando ti capita un lutto, una malattia, un evento che destabilizza,
devi dare, <u>subito</u>, risposte adeguate,** per continuare ad esistere:
non puoi "rispondere alla vita" affermando che vivi in una nicchia…

<u>Non puoi:</u> **vivere è un'esperienza globale, e tu devi dare risposte
globali. E devi darle immediatamente, appena ti sono richieste.**
E devi dare le risposte giuste, altrimenti peggiori la situazione!

<u>**Ti appare complicato e sfiancante? Hai ragione: lo è.**</u> Vivere
<u>su questo Pianeta è molto impegnativo, per tutti, a ogni età:</u>
sia per mantenere vivo il corpo fisico in un ambiente che offre
risorse difficili da elaborare, sia per interagire con le regole sociali.

Ecco perché io, in quanto life coach, punto sempre a una
visione globale, armoniosa, etica: è un atteggiamento pratico,
che orienta e ispira, e, dunque, che aiuta a vivere. Questo
serve a ciascuno di noi, e questo io mi impegno di offrire.

Tutti ne abbiamo bisogno: <u>il life coaching è un valido supporto
perché viviamo tutti sullo stesso Pianeta, e i problemi sono
interconnessi.</u> Occorre capire, organizzarsi, interagire, creando
soluzioni adatte ai flussi che evolvono, rimanendo spirituali.

Vivere è impegnativo: lo sappiamo bene, sin dal primo respiro dobbiamo conquistarci lo spazio e l'approvazione degli altri, e col passare del tempo le sfide aumentano, per tutti, qualsiasi sia l'età. Chiudersi in una "nicchia sicura" non è possibile.

La propaganda ci tiene separati, ciascuno nella sua "nicchia dorata di pregiatissima privacy", ma ci porta il mondo in casa, sia come telegiornale, sia come pubblicità, cinema, metaverso, evasione: *e ci spia, perché la nostra "inviolabile privacy" vale soldi, perché la propaganda vende quanto sa di noi.*

Insomma: siamo assediati. E l'assedio ci fa venire voglia di scappare, o, perlomeno, di rifugiarci in qualche fantasia.

Intendiamoci: anche senza propaganda voliamo molto, per mezzo della fantasia, pare che succedesse anche quando si presume fossimo in uno stato primitivo, seduti attorno al fuoco a raccontarci storie, per la maggior parte inventate.

Siamo Esseri Spirituali, abili nell'immaginare, e pronti ad evadere: e proprio per questo motivo siamo costretti ad incarnarci, nei limiti della materia, perché soltanto così si dimostra quanto si è effettivamente abili

Succede anche nelle attività umane: per dimostrare che vali devi iscriverti agli esami, presentare certificati, superare prove, *e tutto viene misurato, verificato, a volte, cronometrato.*

Ha senso misurare il valore di un individuo: chi è pronto, non ha problemi. Se hai problemi, allora sei in disequilibrio, cioè il tuo livello di abilità è inferiore alle prestazioni richieste.

> Il life coaching etico ti porta ad organizzarti meglio, così diventi capace di affrontare le situazioni, anche sotto pressione, senza sentire il bisogno di nasconderti in una "nicchia sicura".

Salto di qualità

Progetti etici

Gestione consapevole

Complessità superata

Visione unitaria

Velocità di avanzamento

Prestazioni congruenti

Problemi

Tavola 6
**Il life coaching
ti rende più abile
nel superare i problemi**

Osserviamo insieme la Tavola 6

Per realizzare, e vivere, lo stile di vita che sogni, devi superare molti <u>Problemi</u>; in teoria lo sai, ma nella pratica ti perdi.

Infatti, quando sogni la tua felicità, metti l'attenzione sulla condizione finale, e non ti occupi di come agire: è un errore.

Per ottenere qualcosa di notevolmente migliore, e diverso, rispetto a come vivi ora, devi cambiare il tuo modo di agire.

Hai bisogno, da subito, di essere coerente con il tuo ideale: ogni tua azione, ogni tua prestazione lavorativa, ogni tuo rapporto interpersonale, devono, obbligatoriamente, essere focalizzati sul tuo stile di vita ideale, e anticiparlo, perché se agisci come faresti se tu fossi già arrivato, entri nella mentalità vincente: ma non puoi fantasticare e basta, devi concludere.

In ogni fase, devi fornire <u>Prestazioni congruenti</u>, cioè adatte alle prove che incontri in quella fase: la tua coerenza, e il tuo livello etico, determinano la tua <u>Velocità di avanzamento</u>.

Una <u>Visione unitaria</u> è indispensabile perché ti rammenta che la comprensione del Grande Disegno è la base per inserirti in modo adeguato nel flusso degli eventi, e per offrire valore.

Grazie ad una visione unitaria, spirituale, articolata, precisa, che ti indica, anche, come operare nella materia, la <u>Complessità</u> è <u>superata</u>, e i problemi si dissolvono: a quel punto capisci che, prioritaria, è la <u>Gestione consapevole</u> della tua vita.

I <u>Progetti etici</u> sono gli unici a cui ti conviene dedicarti, appunto per realizzarti in armonia con la visione spirituale: ecco come si realizza il <u>Salto di qualità</u>, in modo saggio e pratico.

7. Quali benefici si ricavano da un consulto di life coaching?

Preferisco parlare di "programma", piuttosto che di "un singolo consulto", <u>anche se io stesso propongo consulti "veloci" in cui, con appena 4 incontri virtuali o con 4 scambi di e-mail si inizia a inquadrare una situazione da risolvere e a provare sollievo</u> ...

Certo, aiutano, i consulti "veloci": ma il lungo termine è ciò a cui conviene puntare, per un motivo semplice, ossia <u>perché occorre individuare, e dissolvere, l'accumulo di abitudini contrarie alla propria realizzazione</u>, abitudini che, nel corso degli anni, si sono ammassate, stratificandosi, e fondendosi con tanti pregiudizi, con frasi fatte demotivanti, assorbite senza averle comprese ...

... mi riferisco alle chiacchiere con la gente pessimista; ai film in cui non si rispetta la dignità dell'Essere Umano; ai testi delle canzoni che parlano di amori disperati; alle notizie relative alle crisi della società e dell'economia; alle varie forme di paura che, secondo i media, dovrebbero catturare, e trattenere, la nostra attenzione, costantemente: **si tratta di una "grossa massa di contenuti privi di vitalità" che ci rubano energia e ci devastano.**

<u>Per liberarti di decenni di suggestione, su cui hai involontariamente costruito la tua personalità, ti occorrono mesi, come minimo, se non almeno un paio di anni,</u> per capire che tu non sei i luoghi comuni di cui parla chi è pessimista, e che tu non sei lo sconforto dei telegiornali ... *Ci sono persone che abitualmente consultano un life coach appunto perché le "interferenze" sono continue.*

Tu sei "l'essenza" che può osservare, capire, e decidere:
<u>tu sei "ciò" che segue questo discorso</u>, e se l'essenza che tu sei partecipa alla depressione collettiva, allora non ti rimangono energie, spazio, e tempo per realizzare il tuo progetto etico.
Perciò, ti conviene preservare l'integrità dell'essenza che tu sei.

Ecco perché serve un lungo programma di life coaching: grosso modo, lo considero articolato in 3 fasi.

> La prima fase consiste nel definire l'obiettivo: ti occorre capire che cosa vuoi tu, precisamente, e personalmente, senza subire le suggestioni dell'ambiente, per compiacere le aspettative di chi, "per il tuo bene", ti dice che tu dovresti comportarti "in un certo modo". *Molti ti "rubano" energia usando ricatti emotivi.*

Infatti, se non hai degli ottimi motivi in cui tu credi, non ti dedichi ad un'attività: se la svolgi per obbligo, controvoglia, in modo superficiale, non ti interessa a che cosa porta, e presto l'abbandoni, soltanto perché hai trovato qualcosa che ti piace di più. **Devi capire che se non agisci tu, per il tuo obiettivo, nessuno può farlo**: ecco perché è fondamentale che sia davvero tuo, l'obiettivo che dichiari di voler raggiungere.

Nella prima fase arrivi a capire le tue priorità, e a decidere quali sono quelle che contano, per te: soltanto tu puoi prendere questa decisione, sapendo che sei felice di prenderla. **Potresti scoprire di vivere alcune laceranti contraddizioni: ecco perché in un solo incontro non è possibile mettere chiarezza nel tuo stile di vita.** Non sai che ti contraddici, e non puoi ammetterlo.

Infatti, sono molto comuni i casi di persone che per ricevere approvazione da chi ritengono importante, si adattano a prendere impegni in cui non credono: ad esempio, alcuni, per far contenti i genitori, vanno all'università, si sposano e generano figli, soltanto perché "tutti fanno così" ... Alcuni si indebitano perché "tutti hanno una casa" e si vincolano a spese, e ad uno stile di vita, che non sopportano ... Alcuni addirittura bevono alcolici, si drogano, fanno esperienze fuori dagli schemi, soltanto per "dimostrare agli amici" che sono persone "forti": in realtà, obbediscono a suggestioni di altri.

> La seconda fase ovviamente inizia quando la prima è completata:
> **anche se vuoi rivedere la tua strategia operativa, è indispensabile che tu sappia, prima di iniziare, qual è veramente, il tuo obiettivo.**

I tempi richiesti per passare dalla prima alla seconda fase possono variare, come hai già capito. <u>Nella seconda fase, parti dall'evidenza che i tuoi pensieri, le tue parole, le tue azioni, che determinano la tua routine, corrispondono a ciò che vuoi fare, e sono pienamente sotto il tuo controllo</u>: qui provi un forte senso di liberazione, e di responsabilità, se, per anni, non sei stato chi sei.

<u>Finalmente capisci che quello che vivi dipende da come tu decidi di interpretare gli avvenimenti che ti riguardano</u>: sei tu che stabilisci quale meta assegnarti; quali persone frequentare; come interagire con loro; quanto ottimismo investire; quali riferimenti etici usare per orientarti, per realizzare una serie di obiettivi che ti fanno sentire soddisfatto.

> **È importante precisare un punto essenziale, spesso ignorato: ossia che quanto tu ami fare <u>deve corrispondere</u> a ciò che può esistere nell'ambiente in cui ti presenti ...** <u>Infatti, il solo fatto di desiderare una cosa non rende quella cosa gradita agli altri.</u>
> *La professione dei tuoi sogni potrebbe non avere mercato ...*
> **L'errore, commesso da molti, è intestardirsi nel credere di avere ragione a tutti i costi, soltanto perché amano una certa cosa:**
> <u>ma gli altri non devono venire costretti ad approvare chi si impone.</u>

Sappi che occorre tempo per capire e gestire il tuo vasto raggio d'azione: <u>all'inizio vorresti risolvere tutto in un attimo, ma poi capisci che ti conviene procedere un passo alla volta, perché così sei più efficace.</u> È come quando si costruisce una casa... Anche se all'inizio pare noioso occuparsi di scavi, condutture, fondamenta, e si vorrebbe passare subito al salotto, per arredarlo come si sogna da tanto tempo... **occorre rispettare l'ambiente in cui si è.**

Per poter disporre di un tetto, in cima alla casa, occorre partire dalle fondamenta: è indispensabile. In modo analogo, anche in un programma di life coaching, **prima devi avere una meta etica, poi un piano per raggiungerla, quindi ti metti a costruire progressivamente il tuo stile di vita, in modo coerente e coordinato**, affrontando, innanzitutto, la struttura portante del tuo progetto, e la struttura dipende dalla tua meta. *Richiede impegno e tu devi accettarlo, perché è una scelta importante.*

La terza fase di un programma di life coaching, per come lo propongo io, prevede il consolidamento del nuovo stile di vita, che hai messo a punto nella fase precedente.

Come ho detto, all'inizio si prova una sorta di euforia, quando si capisce per davvero che si può realizzare il proprio potenziale: si ha l'impressione di "nascere", perché si "vedono" nuove possibilità, nuove "strade" aperte davanti a sé.

Tutto ciò è coinvolgente, eppure non basta: bisogna indirizzare lo slancio iniziale all'interno di una serie di comportamenti finalizzati, e lo impari nella seconda fase; la terza fase serve per consolidare il nuovo approccio, con calma, creando, e armonizzando, gli equilibri utili per bilanciare le varie aree della vita, come ad esempio gli orari, nell'anno; e, soprattutto, le interazioni con i famigliari, che ci conoscevano diversamente.

Naturalmente i tempi variano da persona a persona, e da quanto intricata è la situazione iniziale: non è una questione risolvibile in poche ore di consulto, è bene che tu lo sappia.

Infatti, alcuni si illudono di poter vivere meglio semplicemente ascoltando un consiglio, trovato per caso: **no, non è possibile**, perché non si considera l'intera situazione, e non è rispettoso della persona. **Quando sei in crisi, ti serve una soluzione solida**.

Tavola 7
Le tre fasi di un consulto di life coaching

Osserviamo insieme la Tavola 7

Per fare qualsiasi cosa, si parte dall'idea che si ha, a proposito di come dev'essere, la cosa, alla fine, quando è realizzata: proprio come quando prepari la valigia per andare in vacanza...

... tu metti in valigia le cose che userai in vacanza, anche se, mentre fai la valigia, non sei in vacanza: perciò, per preparare la valigia, devi entrare nella condizione mentale della vacanza, in cui visualizzi la vacanza in modo convincente, al punto che, pur non essendo in vacanza, sai già cosa ti conviene portare con te. La precisione della visione è indispensabile.

Per organizzare la tua vita occorre una visione molto più forte, rispetto alla visione che ti serve per preparare una valigia: perciò, per arrivare al risultato che vuoi nella vita, devi iniziare subito, sin da giovane, ad occuparti della tua meta nella vita.

Quando chiedi un consulto ad un life coach professionista, vai subito al punto: non perdere tempo a raccontare strane cose del passato, e non ti lamentare, perché non c'è tempo da perdere. Nell'esempio della valigia, quando la prepari non ti serve pensare alle vacanze che hai già fatto, e non ti serve raccontarle.

La <u>Fase 1</u> di un consulto è la <u>Comprensione</u>: rende evidente, a te, la visione del tuo <u>Obiettivo</u>: quando, per te, la visione è consistente, allora arrivi alla <u>Fase 2</u>, <u>Elaborazione</u>, in cui ti dedichi volentieri alla <u>Preparazione</u> di quanto ti serve.

Nella <u>Fase 3</u> ogni tua energia dev'essere finalizzata al <u>Risultato</u>: non hai bisogno di pause, quando sai, e senti, che davvero stai realizzando la tua meta. Così, in modo determinato e fluido, ti dedichi all'<u>Utilizzo</u> di quanto hai preparato nelle prime due fasi del consulto: alla fine, obiettivo e risultato coincidono in armonia.

8. Una professione, una famiglia, non sono già delle mete sufficientemente precise e motivanti? Perché fare di più?

In teoria sì, condurre una tranquilla esistenza è un ottimo punto d'arrivo, **a condizione che** siamo equilibrati; abbiamo le idee chiare; procediamo senza cedimenti; esprimiamo valori etici; onoriamo e realizziamo ciò che è etico: **nella realtà, pochi ci riescono**.

Lo scenario ideale appena descritto è, forse, per alcuni, il punto d'arrivo a cui un percorso di life coaching *prepara*: non è, per loro, la normale condizione in cui vivono ogni giorno.

> Chi riesce a dedicarsi ai propri interessi — che dovrebbero coincidere con un bel lavoro, per mezzo del quale si guadagna in abbondanza, per poter creare una famiglia, mantenerla senza problemi economici, mentre si viaggia più volte all'anno, e si finanziano attività in cui si crede — è realizzato, **a condizione che faccia tutto questo in un mondo in cui non ci sono problemi**.

I fatti dimostrano che ciò non è possibile: la propria sicurezza personale è insidiata dai problemi del mondo, dalla qualità della vita delle persone che condividono lo stesso territorio, in cui tanti tipi di inquinamento arrivano, insistenti e pressanti: **impossibile ignorare questi dati oggettivi che alterano la serenità individuale**.

E c'è persino di più: il tuo invecchiamento, che determina la tua voglia di interessarti a certi argomenti, e che altera il tuo rendimento. Anche in questo ambito occorre essere parecchio abili e preparati, per raggiungere, e per mantenere l'equilibrio.

> Perciò ti chiedo: la tua vita funziona bene, in un mondo perfetto, al punto che non ti serve il supporto di un life coach?
> Oppure ti senti felice in un mondo assediato dal disequilibrio?
> **Conosciamo entrambi la risposta: ti serve un life coach.**

Considera la tua essenza di Essere Umano: non ti basta lavorare e stare in salotto a guardare la tv insieme con la tua famiglia. <u>Vuoi molto di più</u>. **Siamo Esseri Spirituali: abbiamo ambizioni che non si realizzano nella tranquilla routine rassicurante**: <u>amiamo crescere, misurarci nelle sfide</u>. *Si tratta di mete elevate, spirituali*.

Questo è il motivo per cui, persino quando guardi la tv, non scegli film che raccontano storie di famiglie che guardano la tv, banali, spente, e sorridenti... No: <u>scegli storie che ti emozionano, con eroi, nemici, sfide, lotte mozzafiato... Lotte dure tra bene e male</u>.

Per lo stesso motivo, quando guardi, o pratichi, il tuo sport preferito, non ti va bene lanciare la palla come fa un bimbo di due anni... No: <u>vuoi vincere, diventi competitivo, ambizioso, pretendi di essere il primo</u>, anche se si tratta soltanto del torneo di calcetto del quartiere... *Hai ambizioni enormi: lo sai*.

Nella realtà che vivi, se è "troppo tranquilla" e incentrata su una routine prevedibile, non ci sono abbastanza sfide, per placare la tua voglia di primeggiare, che è tipica dell'Essere Umano: così cerchi sfide, le inventi, discuti, ti schieri da una parte per gustare il piacere di sopraffare i tuoi avversari...

Succede anche nei videogiochi: pochi centimetri di schermo sono sufficienti per suggestionarti e farti sentire calato dentro mondi alieni dove elimini i cattivi! *Cerchi e crei intense dualità*.

Questo dimostra che hai una grande energia vitale, e che la quieta routine casa-lavoro-traffico-spesa non ti piace proprio!

Se tu dovessi rinunciare all'esaltazione che provi guardando la tv, andando al cinema, immedesimandoti in una lunga serie di continue sfide, proveresti molta noia: perché succede? Te lo sei chiesto? Quali risposte hai trovato? Sono risposte convincenti?

Ti invito a riflettere sulla risposta che dài tu, che verifichi da te, per capire se ha senso, per te, adattarti. Ammetti l'evidenza: <u>hai bisogno di sentirti coinvolto in attività intense, complesse, e stimolanti</u> perché disponi di un'enorme quantità di energia.

Energia vitale vigorosa, tipica degli Esseri Umani: in effetti, sei "fatto della stessa pasta" dei grandi personaggi che fanno la Storia... La differenza sta nel fatto che tu hai scelto di vivere una routine tranquilla, ma nel tuo cuore, e nella tua mente, sogni imprese grandiose: ecco perché cerchi sempre delle sfide, seppure virtuali. La tua energia c'è, "è del tipo avventuroso", e perciò senti il bisogno di esprimerla. *E se non la vivi, soffri.*

Come si inserisce il life coaching, in tutto questo?

<u>Il life coaching è utile, e va inserito nella tua routine, per indirizzare la tua energia vitale, e usarla per realizzarti in modo armonioso</u>, così smetti di considerarti diviso tra ciò che devi fare, per i tuoi doveri sociali, e ciò che ti piacerebbe fare.

<u>Non è sano, non è coerente, vivere una routine che detesti, per poi immaginare, ogni tanto, che sei un super-eroe...</u>

Tra questi due estremi ci può essere una ristrutturazione del modo in cui gestisci i tuoi impegni, affinché tu possa provare maggiori soddisfazioni: così diminuisce lo stress che ti corrode, e tu diventi più attivo. *E spiritualmente consapevole.*

<u>Il life coaching ti aiuta a scoprire il potenziale vitale che hai già a tua disposizione e che ancora non sai investire:</u> **il punto d'arrivo è creare uno stile di vita in cui ti senti a tuo agio perché fai ciò che ami**, e lo offri al mondo, e in cambio ricevi gratificazioni a diversi livelli, dal ritorno economico all'apprezzamento etico per il valore che tu rappresenti, rispettato e amato da chi stimi.

Per vivere eticamente, cioè in modo saggio e responsabile, occorre rispettare un concetto essenziale: lo scambio di valore, <u>cioè se vuoi qualcosa, prima, in cambio, devi dare valore adeguato alla quantità di valore che vuoi ricevere.</u> *È ovvio.*

Oggi questo concetto è completamente travisato: <u>si crede il valore esista per caso, gratis, e che l'egoista sia autorizzato a saccheggiarlo.</u> È tutta una gara per rubarsi valore a vicenda: Il più violento prende il posteggio, piazza le armi, si arricchisce.

E quali sono le conseguenze della visione avida di oggi?
Pochi ricchi in un mondo di poveri? Che triste condizione!
Tanti poveri che non diventano ricchi? Che triste condizione!
Tutti forzatamente resi uguali? Che triste condizione!
Tutti separati in lotta contro tutti? Che triste condizione!

> **C'è una soluzione? Sì, esiste: instaurare armonia,** che deriva da una visione etica, spiegata, accettata, messa in pratica da tutti.
>
> <u>Possiamo ipotizzare che tutti andremo d'accordo? No, sarebbe una fantasia consolatoria senza senso.</u> **Piuttosto, òccupati dell'armonia della tua esistenza: <u>metti etica in ciò che fai tu</u>.**

Dove c'è valore, in te? In cosa sei ricco? In cosa sei povero?
<u>Nei tuoi pensieri</u> sei oppresso dalla dittatura della depressione, che ti dice che non hai, e che non puoi produrre, alcun valore?

<u>Nei tuoi pensieri</u> sei nel delirio dell'esaltazione, che dice che tu vali e meriti di guadagnare come minimo un miliardo di euro?

<u>Nei tuoi pensieri</u> sei in lotta contro tutti: genitori, vicini, colleghi, violazioni di privacy, virus, meteoriti, extraterrestri?

> **Esci dal delirio: riconosci le risorse, il tuo potenziale, e investili.**

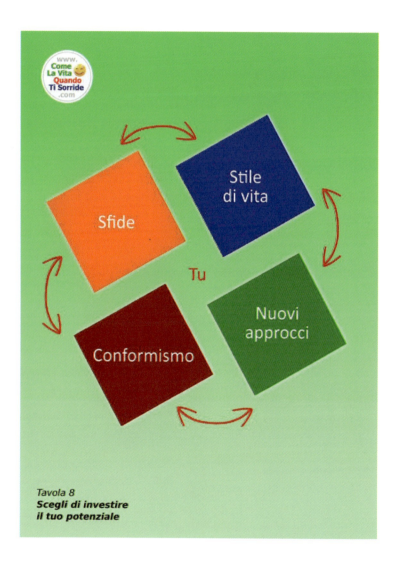

Tavola 8
Scegli di investire il tuo potenziale

Osserviamo insieme la Tavola 8

Quando consideri la tua esistenza, Tu sei portato a guardare in alto: l'ottimismo ti mostra lo Stile di vita che ti piacerebbe assaporare, e il realismo ti fa notare le difficoltà da risolvere.

Sotto e dietro tali tue considerazioni c'è il Conformismo, che ti ha portato a vivere "da schiavo" perché ricavavi dei vantaggi: magari hai sofferto per sopportare alcune persone perché, nel compromesso, hai ottenuto qualcosa che consideravi utile, e perciò hai scelto di conformarti, per il quieto vivere; ma una simile accettazione, subita e mai realmente sopportata, ti ha esasperato e hai affrontato delle Sfide, da superare e vincere per forza, per approdare ad uno stile di vita che, a quel punto, fosse finalmente, autenticamente tuo, perché non potevi più tollerare il fatto di dover farti piacere il volere delirante altrui.

In alcuni periodi, per evitare quanto non sopportavi, avevi deciso di cercare comunque Nuovi approcci, che ti parevano essere la via per realizzare il tuo stile di vita ideale: in simili occasioni hai osato, non ti pesava la fatica, perché consideravi il premio superiore alle difficoltà da attraversare, e quindi sopportavi le limitazioni.

In tutto ciò, al centro, ci sei sempre tu: tu come punto di partenza; tu che valuti il futuro a cui vuoi arrivare; tu che scegli di adattarti; tu che consideri sfide alcuni passaggi obbligati; tu che inventi nuovi approcci e volentieri sopporti l'impegno richiesto; tu, soprattutto, che ti racconti tutto ciò, per trovare un senso: dal tuo racconto deriva quel che ti pare essere la tua esistenza, e in base a tale valutazione tu scegli qual è il tuo potenziale da investire, e come, e dove, investirlo.

Ovviamente, tutto ciò accade in uno Scenario molto più vasto: se te ne accorgi, e se lo consideri eticamente, allora ti realizzi.

9. Quando, e quanto spesso, bisogna dedicarsi al life coaching?

Consiglio di dedicarsi ogni giorno alla crescita personale:
<u>è un allenamento, che va fatto comunque, anche quando si ha meno voglia</u> ... È una questione di sane, vitali abitudini: anche se non hai voglia di dedicarti ad una sessione di life coaching, che avevi già programmato, inizia lo stesso: dopo pochi minuti, <u>ti trovi con l'atteggiamento giusto</u>. *Attiva l'energia che tu sei.*

E quando aumenta, la tua avversione alla crescita personale, allora hai trovato un argomento formidabile da approfondire, proprio grazie al life coaching: che cosa hai scoperto? Quale indizio è emerso? Da dove arriva? Quante volte ti condiziona, a tua insaputa? Sono temi formidabili, per conoscerti di più.

Questo vale per i momenti più difficili, in cui si ha poca voglia di dedicarsi alle sessioni programmate di life coaching: <u>proprio quando sei in un percorso di *crescita* scopri la tua *piccolezza*.</u>

> **In teoria, abituati a mentire sin da piccoli per non svelare le nostre debolezze, dichiariamo che siamo disposti a migliorarci,** <u>"anche tutti i giorni", perché immaginiamo di immergerci in una sensazione di benessere</u>, che sembra una pubblicità: **poi, quando davvero scopri le tue contraddizioni, entri in crisi.**

<u>Anche i campioni olimpici si allenano tutti i giorni, sebbene le Olimpiadi si tengano ogni quattro anni</u> ... È evidente che uno sportivo non può allenarsi per una settimana appena, ogni quattro anni: lo stesso vale in ogni settore, cioè la mancanza di attività atrofizza, e recuperare, dopo, risulta parecchio faticoso.

Succede per il corpo fisico, e succede per la mente, e per ogni attività umana: ciò che viene trascurato, funziona male, sino a bloccarsi del tutto, e diventa inutilizzabile. *Le crisi nascono così.*

Inoltre, c'è anche un fatto meno evidente, di cui ti parlo subito: riguarda la tua trasformazione, dovuta al fatto che vivi.

Lo sai, <u>col passare degli anni, evolviamo; tale cambiamento avviene giorno per giorno, anche se non ce ne rendiamo conto</u>, proprio come il nostro viso cambia, giorno per giorno,
ma noi che ci vediamo allo specchio non ce ne accorgiamo, mentre un amico, che ci incontra dopo diversi anni, nota subito quanto profondamente sia cambiato il nostro aspetto.

Vale per il corpo, vale anche per la mente, vale per lo spirito: <u>il cambiamento riguarda tutto, anche le proprie abilità, le competenze, e la voglia di partecipare</u>. Ci sono progetti che realizziamo, altri che abbandoniamo, e ci sono molte variabili: lo so che lo sai, e allora, perché ti sto dicendo queste cose?

Il motivo è semplice: **l'allenamento quotidiano, a proposito della crescita personale, ti aiuta a capire**, <u>e ad indirizzare, le trasformazioni in cui sei coinvolto, spesso senza notarlo</u>.

Se mantieni attiva la mente ti conosci meglio, sai come comportarti, effettui bilanci periodici che ti informano sullo stato delle cose, e su quanto ti conviene fare. Ecco perché seguire costantemente, volentieri, un programma di life coaching ti aiuta a perfezionare l'andamento della tua vita.

Sapendo che tutto si trasforma, e che anche il tuo livello di prestazioni, e il tuo desiderio di partecipare, cambiano, nel corso degli anni, capisci che **è meglio prepararsi e rimanere preparati**: i problemi possono arrivare, e riusciamo a superarli meglio se siamo già mentalmente pronti, e abili quanto serve.

<u>La prudenza, e la saggezza, insegnano che conviene prepararsi prima che sia necessario: dopo, in piena crisi, è impossibile</u>.

Il paragone con lo sport ti aiuta a fissare bene questo concetto: <u>un atleta non si allena mentre gareggia</u>, e non chiamerebbe l'allenatore durante la competizione, mentre la sta perdendo, perché sa già quanto è adeguata la sua preparazione e se può vincere la gara. In modo simile, è assurdo, cercare soluzioni quando soffri.

So che appare molto insolito, dire che **è sbagliato cercare soluzioni quando si è in difficoltà**, eppure, nella mia esperienza di life coach, ho conosciuto diverse persone che prima, procedevano bene, spensierate, convinte che il loro benessere del momento fosse "la garanzia" a tutela di un futuro immaginato invitante e prospero. *Non esiste benessere, in un mondo in disequilibrio come il nostro.*

Non ci sono garanzie di benessere, sia perché non conosciamo il futuro, sia perché, nel futuro, noi per primi non saremo come siamo oggi. Meglio, dunque, allenarsi, per rimanere efficienti, per prepararsi al cambiamento, migliorando il mondo.

Tu hai il vantaggio di ricevere, ora, queste informazioni preziose per la gestione della tua esistenza: <u>rifletti sul valore che è già entrato nel tuo sapere, avendo letto le prime pagine di questo libro, e inizia a investirlo adeguatamente</u>, *preparando con lucidità una strategia di life coaching spirituale che ti aiuta a vivere meglio.*

<u>Anche se molte persone non si organizzano, e anche se diverse aziende, e persino diverse nazioni, procedono senza un piano scritto</u> che stabilisce le mete, e i modi per raggiungerle, quindi, anche se l'abitudine di non allenarsi è diffusa, **tu evita di vivere come capita, senza una preparazione adeguata**: l'esperienza insegna che essere preparati è fondamentale, e che, <u>se ci si prepara giorno per giorno, i risultati arrivano prima, meglio, più spesso, e sono più stabili.</u>

Infatti, **chi è allenato, ha le idee chiare, e sa dove arrivare, si riprende meglio, e più in fretta**, <u>dopo un episodio che l'ha danneggiato.</u>

10. Il life coaching è una filosofia new age, o si rifà a qualche forma di contemplazione, oppure di fede religiosa?

Ovviamente rispondo a titolo personale… Per come io lo conosco, e pratico, **il life coaching mette in connessione la consapevolezza con la vita di tutti i giorni**: quindi, considerato dal punto di vista dei problemi da risolvere, risponde in modo pratico, a differenza di quanto si trova in alcuni sistemi di pensiero piuttosto astratti, con risposte non sempre chiare, e raramente verificabili.

Io invito a riflettere sulle risorse disponibili, e a trovare una via etica per raggiungere l'obiettivo, se le vie note, oppure le vie nuove, risultano non etiche: io consiglio di immergersi, consapevoli dello spirito, nella realtà fisica, per ottenere risultati materiali misurabili che esprimono valore etico utile al mondo.

E, come vedi, parlo di valore, quindi di una visione "superiore", se consideriamo "inferiore" il vivere con l'attenzione fissa sulla materia: noi Esseri Umani siamo presenti sia sul piano fisico, dove il nostro corpo fisico modello Homo Sapiens funziona come "segnaposto"; sia sul piano mentale, in cui gestiamo i progetti; sia sul piano spirituale, dove troviamo ispirazione.

> **Questi tre piani, spirituale, mentale, e fisico**, nel life coaching per come io lo insegno, **devono venire compresi, coltivati, vissuti per ottenere risultati misurabili, contemporaneamente**. Un piano non esclude l'altro, e tutti e tre si integrano tra loro.

Troppo spesso ci accontentiamo di *pensare* ai nostri valori senza viverli: li usiamo per consolarci, e quando vediamo delle ingiustizie pensiamo, in silenzio, quasi di nascosto, che noi siamo diversi perché abbiamo dei valori. Ebbene, i valori vanno vissuti e mostrati in pubblico, altrimenti a che cosa servono? **Quindi, ti dico di non obbedire a filosofie astratte non pratiche.**

In modo analogo, se viviamo essenzialmente per mostrare in pubblico l'aspetto del nostro corpo fisico, cioè ... "il segnaposto", coperto di accessori che vanno di moda, allora non realizziamo del tutto il nostro potenziale, e, a causa di ciò, siamo insoddisfatti. <u>Occorre mantenere in equilibrio spirito, mente, e corpo.</u>

Certo, è bello indossare un abito con cui ci sentiamo eleganti, eppure, per un Essere Umano, che aspira a compiere opere importanti, di cui andare fiero, **è molto più appagante avere del contenuto vitale da offrire al mondo, e sentirsi utili, rispettabili, capaci di creare qualcosa che fa del bene, e che dura nel tempo.**

<u>Il life coaching, per come io lo conosco e pratico, è un tipo di formazione che invita a riconoscere gli elementi che compongono la nostra identità</u>, attraverso cui selezioniamo ciò che percepiamo nel mondo, e ciò che inventiamo nei nostri pensieri: conoscere la propria identità è una questione di praticità, utile ogni giorno.

Infatti, capire che si può vivere con soddisfazione, sapendo migliorare le condizioni per sé e per gli altri, nel mondo materiale e sul piano del pensiero, applicandosi con tenacia e impeto, è il punto d'arrivo verso cui tende il life coaching che io presento a te.

Confido nello spirito intraprendente dell'umanità, che fu capace di uscire dalla preistoria e di avviare una civiltà decisamente più confortevole delle condizioni naturali, dove, con il nostro corpo modello Homo Sapiens, non vivremmo nemmeno poche ore.

Nell'evoluzione collettiva, e nell'evoluzione individuale, occorre essere pratici: <u>le filosofie astratte, per quanto siano autorevoli o di moda, non aiutano</u>. **Io invito ad essere consapevoli del potere del pensiero razionale, ispirato dallo spirito,** che per mezzo del linguaggio, e della creatività, dimostra di saper creare macchine, città, e sistemi sociali vitali, ***<u>UTILI SOLTANTO SE</u>*** vissuti in modo etico.

Vogliamo risposte, chiare, utili, pronte da applicare subito
per risolvere i problemi del vivere: *giusto*. È corretto chiedere,
in nome dell'etica e di una sana visione spirituale, per servirla.

Il bisogno di trovare risposte etiche è accentuato, oggi,
e deriva dall'ambiente materialista che ci opprime e spreme.

Nell'ambiente ci sono gli altri che ci disturbano: ciascuno lo sa.

Fin qui tutto bene, ma mancano molti elementi: rifletti, perché
ti sorprenderanno parecchio; e, se li capisci, li superi.

**Il più ovvio elemento mancante, nel nostro risentimento
contro l'ambiente che non ci dà risposte,** e che ospita individui
a noi non graditi, **è che anche noi siamo nell'ambiente.** E anche
noi possiamo essere elementi di disturbo, senza accorgercene.

**Manca, nel nostro risentimento, l'ammissione che viviamo
grazie ad un ambiente strutturato:** perché esiste? Per quali fini?

La scienza risponde: "Esiste per caso, è una palla di lava e
ammoniaca che, miliardi di anni fa, divenne la Terra, popolata
da scimmie di cui sei figlio.". Se aggiungi una nota religiosa,
ti scopri peccatore, contrassegnato da un brutto karma. *Sono
risposte etiche, cioè utili per vivere creando una società evoluta?*

Ora c'è un'alternativa laica: la dittatura dell'intelligenza
artificiale nel metaverso. *Questa è una risposta etica?*

**Evidentemente, c'è molta confusione ... Mettiamo ordine:
tu hai il tuo livello spirituale; la Tradizione; e quanto insegno.**
Di sicuro, sono molti di più i dati non percepibili: e quelli
percepiti, vanno trattati con rispetto. *Se la maggioranza
arrogante non ci arriva, arrivaci tu: le porte sono aperte.*

Tavola 9
I tre piani dell'esistenza

Osserviamo insieme la Tavola 9

È facile, persino immediato, ovvio, avere l'impressione di esistere: i sensi ci convincono che siccome vediamo, udiamo, tocchiamo, allora esistiamo. In realtà, la nostra essenza è molto di più: dovremmo capirlo, anche semplicemente notando che esistono non soltanto i <u>Dati percepibili</u>, e infatti pensiamo, ci accorgiamo di pensare, e questo è l'inizio della coscienza.

Pochi se ne rendono conto, eppure l'<u>Esistenza</u> va oltre il <u>Piano fisico</u>, dove si ottiene il <u>Risultato</u> delle azioni che servono per realizzare quanto vogliamo fare, mossi dall'<u>Intenzione</u>: infatti, esistiamo tanto quanto vogliamo estendere il raggio d'azione.

Chi osserva, riflette, e si accorge di osservare e di riflettere, allora comincia a capire che, sul <u>Piano mentale</u>, avviene l'<u>Organizzazione</u> dei pensieri, che consente di ottenere risultati misurabili a livello pratico, esecutivo, materiale.

Quindi, il Piano mentale è superiore al Piano fisico perché ha comando sopra di esso: l'intelligenza può organizzare le risorse in modo diverso, rispetto a come sono state conosciute, ed usate, sino a quel momento, attraverso i sensi fisici e le emozioni.

E non è semplicemente una questione di ragionamento meccanico, come potrebbe fare un robot: infatti, al di sopra del Piano mentale, c'è il <u>Piano spirituale</u>, dove sono evidenti la connessione con l'intuizione, e con la percezione di "qualcosa di più grande" delle impressioni che ci forniscono i sensi fisici.

Al di sopra di tutto ci sono <u>Dati non percepibili</u>, che ispirano le Arti, gli Ideali, la <u>Creatività</u> che governa eticamente l'esistenza, e la indirizza verso mete sublimi, trascendentali. Chi lo capisce, vive intensamente i tre piani dell'esistenza.

11. Conviene usare delle tecniche per persuadere, sedurre, e manipolare a fin di bene gli altri?

No, l'esperienza insegna che il successo deriva dal dominio di sé. C'è una forza interiore immensa, nel pensiero bene organizzato, ispirato dalla volontà di creare del bene per diffondere valore etico.

Servono dati, per realizzare quanto ci serve per vivere, e tale realizzazione avviene se siamo consapevoli: infatti, chi è manipolato, suggestionato, bloccato in qualche illusione che gli altera i dati verificabili, non partecipa alla costruzione, al mantenimento, e al perfezionamento della civiltà.

Manipolare gli altri, per illudersi di essere un gigante che domina tra gli ingannati, rivela quanta poca stima di sé abbia "il gigante", dal momento che sa di poter frequentare soltanto degli ingannati: sa bene che gli individui etici non lo accettano, e allora cerca di consolarsi con qualche forma di compagnia, in modo perverso.

E c'è persino di peggio: il **manipolatore** sa bene quanto scarsi siano i suoi contenuti ... infatti lo ammette, e perciò **insiste per ingannare, appunto perché sa** che soltanto chi è stato ingannato può apprezzare sia lui, sia i suoi contenuti ... I manipolatori sono assurdi, inutili, e vanno evitati. *Rubano vitalità, e vanno evitati.*

Chi manipola è nemico dell'Essere Umano: odia la capacità umana di creare soluzioni che funzionano, così lo vuole dominare inculcandogli paura, senso di inferiorità, delusione, lo tormenta usando continue persecuzioni, torture, e delitti.

La manipolazione esclude ogni dato misurabile perché vuole nascondere le sue finalità disoneste. Mira soltanto ad imporsi.

> **La manipolazione è irrimediabilmente lontana dal life coaching.**

Quando una persona ha un ottimo sistema di valori, che si può definire "ottimo" perché i risultati dimostrano che produce risultati vitali; **e quando una persona ha un piano**, per organizzarsi nella produzione dei risultati; **e quando una persona esegue quanto va fatto**, appunto per materializzare i risultati vitali, <u>allora la persona è in equilibrio, sa interagire costruttivamente con gli altri, e non sente alcun bisogno di manipolare gli altri</u>, perché, a priori, stima sé stessa, e stima gli altri, e sa che il mondo è migliore quando lo abitano persone che hanno valori, e che li vivono quotidianamente.

I manipolatori, invece, sono incapaci, e anche pigri: infatti, a causa della loro pigrizia, non vogliono addestrarsi per diventare capaci, e, nonostante ciò, vogliono avere le comodità ...

E siccome sono incapaci di procurarsi le comodità, e sono pigri perché non creano opere etiche, <u>ecco che si rivelano per quello che sono: dei "parassiti", che, con cattiveria, manipolano gli altri</u> per afferrare, dagli altri, il cibo, i soldi, e persino il lusso che pretendono, e di cui osano considerarsi degni.

Invece, <u>su questo Pianeta, è in vigore il principio dello scambio: per avere, prima devi dare</u>. In Natura, prima si semina, poi si raccoglie, e si raccoglie nella misura in cui è stato coltivato quanto è stato seminato. *Non esistono scorciatoie, né alternative.*

Anche in Natura ci sono i parassiti e, infatti, la Natura li elimina, perché quello che conta è l'equilibrio: tutto, in Natura, tende verso l'equilibrio. I manipolatori non sono in equilibrio.

<u>L'Essere Umano evoluto comprende la necessità di favorire l'equilibrio e il principio dello scambio, e perciò si organizza</u>: **la civiltà è nata ed esiste grazie alle persone di buona volontà, che creano quanto serve per migliorare le condizioni di vita.**

Nei più recenti 5.000 anni di storia documentata diversi "parassiti", cioè individui cattivi, incapaci, e pigri, hanno manipolato molte persone sprovvedute, per avere potere e lusso senza dare nulla in cambio, e per usare tale potere, e tale lusso, soltanto per i propri comodi egoistici, indifferenti alle condizioni, e allo sviluppo, dell'umanità: **il loro modo di procedere non ha un futuro. Quindi, domandiamoci: <u>a che cosa sono serviti, i manipolatori?</u>**

<u>Il loro ruolo è stato utile per farci capire che i "parassiti" non servono, così abbiamo la certezza che occorre una formazione basata sull'etica, il rispetto, la collaborazione leale,</u> ed è infatti questo l'obiettivo verso cui si sta muovendo l'evoluzione dell'umanità. *Chi capisce, evolve.*

Quanto più un individuo raggiunge il suo equilibrio e capisce che cosa lo mantiene in vita, tanto più quell'individuo capisce di poter evolvere, e, di conseguenza, **non ha più bisogno di vivere come un parassita, cattivo, incapace, manipolatore.**

<u>Chi vorrebbe avere, vicino a sé, qualcuno che lo seduce, lo inganna, lo costringe a soffrire? Nessuno.</u> La manipolazione è incivile.

E infatti, **appena i manipolatori vengono smascherati, svanisce, per loro, ogni possibilità di sopravvivenza**: l'unica via d'uscita, per i manipolatori, è una revisione totale del loro distorto modo di concepire l'esistenza; oltre a ciò, devono ricevere, per forza, una formazione spirituale profonda e completa, che li rende capaci di produrre qualcosa di etico per la società.

<u>Un manipolatore non ha credibilità perché non offre valore:</u> **per dimostrare che è cambiato, deve documentarlo con molti, moltissimi anni di comportamento civile verificabile nei fatti.**

Il presente, e ancor più il futuro, sono riservati soltanto alle persone oneste, collaborative, buone, ispirate spiritualmente.

12. Il life coaching, incentrato su risultati materiali e successo, rischia di diventare arido e persino avido?

Il life coaching che io conosco, pratico, e insegno, è basato sulla consapevolezza di ciò che ci mantiene in vita, e tale consapevolezza si realizza per mezzo di un criterio, chiaro, da applicare sempre nei tre piani a cui faccio riferimento: spirituale, mentale, materiale. **Tale criterio consiste in una domanda, che è questa: "Che cosa ti mantiene in vita?"**

Chi risponde in modo corretto, considera tutto ciò che serve: **la domanda esclude risposte sbrigative, e fantasie poetiche.** Ci porta ad ammettere che ogni dettaglio è parte del Tutto.

Per capirci: chi risponde che lo mantiene in vita suo figlio neonato, o l'amore per le farfalle, dimostra di non capire che cosa lo mantiene in vita ... **Tu, per rispondere, prendi il tuo tempo**: per aiutarti, ti dico che, come minimo, sono diverse migliaia le cose che ti mantengono in vita ... E si tratta di risorse che ti consentono di esistere, a livello spirituale, mentale, e fisico.

E aggiungo: **le risorse vanno coordinate, perciò ti mantiene in vita anche il saper organizzare in modo vitale, cioè etico, tutti gli elementi.** La domanda NON è: "Che cosa ti piace?".

Prima occorre riconoscere che cosa mantiene in vita, poi ci si organizza per creare e per difendere ciò che mantiene in vita, e poi si agisce per contribuire a mantenere in funzione ciò che ci mantiene in vita: **questo è l'esatta sequenza di priorità.**

È evidente che, con questa sequenza di priorità che propongo, escludiamo, a priori, il rischio di perderci in fraintendimenti egoistici, che mirano a raggiungere soltanto qualche grossolano guadagno materiale, parziale, grezzo, che non ha un domani.

Il riferimento ai tre piani in cui si sviluppa la tua esistenza,
e la domanda che ti ricorda di riconoscere, rispettare, e favorire
ciò che ti mantiene in vita, qualificano immediatamente il life
coaching che io insegno: è chiaro, dunque, che **applicando
questi due concetti procediamo in modo etico, cioè vitale.**

Il secondo criterio che uso, ossia, appunto, riconoscere che
cosa ci mantiene in vita, esclude il rischio di diventare aridi,
avidi, meschini, egoisti, manipolatori, parassiti, ottusi:
è un ottimo criterio perché porta, la persona che lo usa, a
verificare sempre le conseguenze del proprio comportamento.

L'obiettivo è la stabilità: la stabilità è una necessità, accentuata
dal disagio della civiltà attuale, così confusa e contraddittoria.

Tuttavia, la civiltà attuale, seppure vada perfezionata molto,
è più accogliente della Natura, dove una piccola distrazione
può risultare fatale, perché un predatore, o un batterio, sono
pronti a complicare l'esistenza del nostro corpo fisico, o,
addirittura, ad eliminarlo, in un attimo, per sempre.

**Nel proprio spazio, e nel proprio tempo, che ha a disposizione,
una persona etica, responsabile, e costruttiva può decidere**
di assumere il comando della situazione, cioè può decidere
di diventare un punto di riferimento per sé, le persone care,
e la propria comunità: questo atteggiamento consapevole
e altruista riduce il rischio di diventare ottusi, opportunisti, avidi.

**Quanto più l'intelligenza rende evidente questi concetti,
tanto più la persona decide di estendere il suo raggio d'azione;**
e tanto più la formazione, che evolve le persone sul piano
della consapevolezza, si rivela preziosa e valida per creare
un presente, ed un futuro, più equilibrati, etici, e umani.

| Se nel tuo ambiente manca la formazione etica, procuratela tu. |

Viviamo in società, per forza: l'ambiente naturale è ostile al corpo modello Homo Sapiens che non è ottimizzato per vivere in Natura *e quindi siamo costretti a collaborare, tra Umani.*

Per forza dobbiamo andare d'accordo; questo primo livello di sfida è sfiancante per molti, e non solo, non è ancora stato raggiunto: infatti manca una meta etica mondiale condivisa.

Tuttavia, e questa è un'ottima notizia, **ciascuno, se lo vuole, può**, per conto suo, nel suo spazio-tempo, con le sue forze, **uscire dall'immaturità del sistema sociale e avviarsi verso la liberazione dal male.** *Nessuno è destinato a perdersi nel male.*

> Si esce dall'immaturità del sistema sociale se si considerano le risorse, finalizzate nel Grande Disegno, e se non ci si scoraggia nonostante il basso livello di intelligenza media degli Umani.
>
> È una sfida mentale, che conduci per mezzo dell'osservazione: osserva, analizza, capisci, e onora ciò che ti mantiene in vita.

Hai il privilegio di disporre della mente: il corpo non è forte, la mente sì, **e le intuizioni spirituali superiori esistono, se le coltivi**. Al momento, la mente che hai è il tuo migliore strumento e funziona meglio del tuo corpo: puoi usarla anche prima di risvegliare i poteri spirituali dell'essenza che tu sei.

> **Usa la mente per capire**: capisci che devi saper ragionare, e che il linguaggio è un ottimo strumento per simulare situazioni nel "laboratorio della mente". Impara i significati corretti delle parole, per usarle pensando, leggendo, ragionando, parlando.

Eleva la tua visione con la formazione e con le tue scelte etiche: puoi uscire dalla trappola, che è un banco di prova per gli Esseri Umani, che sono spirituali, e devono divenire consapevoli e abili.

Tavola 10
La formazione favorisce le scelte consapevoli

Osserviamo insieme la Tavola 10

La prima impressione dell'esistenza può essere caotica: appena si nasce, gli istinti fisici si impongono, e dobbiamo imparare ad inserirci nella società, anche se non conosciamo le parole per esprimere questi concetti; da subito ci dobbiamo confrontare con luci, rumori, diverse consistenze materiali, ed è molto complesso, al punto che occorrono 4 o 5 anni per riuscire a comunicare in modo sufficientemente efficace, e pur sempre stando all'interno di un ambiente protetto, assistiti dagli adulti.

I genitori, la scuola, le esperienze di gioco, lo studio, quanto siamo capaci di osservare, ci rendono più abili, ma molti si perdono in vari <u>Livelli di confusione</u>: al massimo, arrivano a capire che c'è un <u>Piano fisico</u>, perché il corpo biologico che usano si trova lì, e lì ci sono cibo, aria, ostacoli, oggetti, soldi.

Alcuni arrivano a capire che, sopra, esiste un <u>Piano mentale</u> in cui si organizzano i pensieri, utili per gestire le risorse.

Pochi arrivano a capire che, più sopra, esiste un <u>Piano spirituale</u>, da cui dipendono il buon funzionamento dei piani che si trovano sotto, e la connessione con significati superiori.

Per riuscire a vivere, sapendo quel che ci serve conoscere, abbiamo inventato sistemi scolastici, e prima ancora religioni, leggi, accordi che ci coinvolgono anche se non lo sappiamo.

Un valido aiuto per orientarsi nella vita, è rispondere con attenzione alla domanda: "<u>Che cosa ti mantiene in vita?</u>".

Sulla tua risposta basi le tue <u>Scelte</u>, e da ciò deriva la tua possibilità di raggiungere <u>Livelli di Comprensione</u> più alti, che ti rasserenano, ti consentono di coordinare i dati, e ti guidano.

13. Il life coaching è una scuola di pensiero, una moda, una filosofia, o altro? Che cosa insegna?

Se definiamo il life coaching come un modo di porre domande strutturato, per risvegliare il ragionamento, la capacità di decidere, l'autostima, e la voglia di agire, **allora possiamo affermare che il filosofo Socrate fu ... "il primo life coach".**

Il life coaching è un modo per considerare la vita, quando, in età adulta, si fa un bilancio di come procede la propria esistenza: spesso ci si interroga quando si prova un po' di insoddisfazione, si vorrebbe realizzare qualche cambiamento, e si cerca una risposta che va oltre la semplice descrizione tecnica delle procedure operative, perché si vuole trovare un senso più ampio, e più ispirato, in cui inserire i cambiamenti che si desidera realizzare, per considerarsi più soddisfatti, vivendo sulla Terra, nelle numerose sfide esistenziali.

Il termine "life coaching" è un'espressione inglese perché questo concetto è stato sistematizzato negli Stati Uniti: non è una corrente di pensiero unica, di un solo pensatore. È un modo consapevole, costruttivo, di gestire la propria esistenza. Ci sono diverse correnti di life coaching, e diversi tipi di life coach, generalisti oppure specializzati.

Nonostante i diversi tipi di life coaching, e le diverse personalità dei coach, è abbastanza ragionevole affermare che, **in generale, il life coaching invita a prendersi cura di sé, dei propri progetti, e delle relazioni con gli altri**, in una prospettiva vitale, aperta all'osservazione, alla correzione, al cambiamento.

Il life coach, in linea di massima, esprime concetti che ispirano il cliente: lo assiste per risvegliare la sua autonomia decisionale, e per attivare una maggiore fiducia in sé e nella propria riuscita.

A volte è illuminante, quanto si impara da un life coach: tuttavia il life coaching non consiste nell'affermare, in modo solenne e autoritario, princìpi astratti a cui obbedire; piuttosto, mira a calarsi nella realtà del cliente, per invitarlo a scoprire soluzioni più sagge, e più vitali, rispetto alle condizioni opprimenti che di solito accetta, e che, forse, gli ingombrano l'orizzonte mentale.

I risultati che si ricavano da un percorso di life coaching variano, è chiaro: si tratta di un avanzamento sul piano della consapevolezza, e, spesso, occorre concatenare più consulti, per raffinare i pensieri che emergono, man mano che la persona riconosce il proprio potenziale, e decide di investirlo.

La centralità del cliente, nello sviluppo del percorso di life coaching, è evidente, perché il cliente è responsabile dell'impegno che mette, e delle riflessioni che compie: il life coach propone spunti, sostiene, stimola i ragionamenti, indica metodi pratici, e rende meno opprimente la percezione degli errori passati. **Tutto ciò aiuta eppure non funziona "in automatico" ...** Infatti, è il cliente che decide di mettere in pratica le indicazioni ricevute grazie al percorso di life coaching: tale decisione rende fertile il percorso.

Il life coach ha la responsabilità di farsi capire nel modo più chiaro possibile: e il cliente ha la responsabilità di verificare quanto impara, per applicarlo con intenzione costruttiva.

Rispetto alle scuole di pensiero in cui prevale l'insegnante e si considera marginale il ruolo dell'allievo, nel life coaching succede l'opposto: **centrale è l'esperienza del cliente, prima, durante, e dopo il percorso di crescita personale, e il life coach assiste stando in margine,** proprio come, in una gara sportiva, l'atleta si misura sul campo, e l'allenatore lo segue dall'esterno del campo, per consigliarlo, e valorizzare la prestazione in corso.

14. Il life coach diventa un "guru" per il cliente? Si rischia che il cliente attivi una dipendenza dal life coach?

Nel modo in cui io mi porgo al mio cliente, che tecnicamente si chiama "coachee", **non c'è questo rischio perché**, proprio per evitare che si crei una dipendenza, **dichiaro da subito che il cliente è il creatore delle soluzioni**: <u>io mi limito a porre delle domande, a suggerire degli argomenti su cui riflettere</u>, affinché <u>il cliente tragga, da sé, le sue conclusioni, consapevolmente</u>.

In questo modo, centro due obiettivi fondamentali:

1°) <u>da subito, abituo il cliente a stimarsi per quanto riesce a fare, anche se sa fare poco</u>, anche se i fallimenti gli pesano, e anche se riesce appena a seguire quanto gli dico;

2°) <u>dimostro al cliente che è autore di quanto pensa, fa, e vive</u>.

Grazie a questa impostazione, il ruolo del life coach diventa marginale perché, in questo modo, l'allenatore non si pone come guru, si limita ad allenare, <u>e non si sostituisce al cliente</u>.

Comprendo la tendenza umana, e a volte il bisogno, di proiettare delle "aspettative di tipo relazionale" nei confronti di chi offre aiuto: succede, soprattutto, a chi è in cerca di comprensione, approvazione, e magari affetto. Questo tipo di "rischio" c'è in ogni rapporto tra persone: succede al lavoro, a scuola, persino con i personaggi pubblici, per cui, alcuni, provano affetto.

Eppure il life coaching è, e deve rimanere, una prestazione professionale, che mantiene un costruttivo distacco tra life coach e cliente: infatti, <u>il distacco</u> serve proprio per realizzare quanto ho spiegato, ossia <u>serve per attivare, da subito, l'autonomia decisionale del cliente, e renderlo responsabile</u>.

<u>Quanto propongo, privatamente e pubblicamente, è sempre basato su dati verificabili</u> o attraverso l'esperienza diretta praticata dal cliente, oppure risalendo alle fonti che indico.

Anche la scelta di basarmi su dati misurabili e verificabili rientra nella mia intenzione di aiutare il cliente a diventare indipendente, e sicuro di sé, nell'analisi della sua situazione presente, nella progettazione di un piano alternativo, e nell'esecuzione di quel piano con la precisa intenzione di ottenere risultati soddisfacenti.

<u>Considero essenziale che il cliente si concentri sulla propria capacità di costruire da sé il proprio cammino attraverso la vita</u>: la sua attenzione, e le sue energie, devono essere, e rimanere, concentrate sulla crescita personale, non sul life coach.

Io punto sempre a emancipare la consapevolezza del mio cliente: <u>spesso ripeto che io sono "come un cartello stradale che indica alcune direzioni"</u>, lasciando, a chi lo consulta, la decisione di mettersi in viaggio oppure no, prendendo una certa direzione oppure un'altra, magari soltanto sino ad un certo punto, insieme con persone che il cliente sceglie di frequentare, coerentemente con il quadro generale del cambiamento che sta costruendo.

<u>Per realizzare progressivamente la propria crescita personale, il cliente ha molto da fare</u>, se mette il dovuto impegno richiesto dall'ampiezza del rinnovamento che sta realizzando: <u>di conseguenza, non c'è spazio, né modo, per dedicare un'attenzione di tipo privato alla personalità del life coach</u>.

È prioritario che l'attenzione del cliente sia portata, e mantenuta, sulla comprensione dei condizionamenti, sulla scoperta della propria abilità, sull'apprendimento di nuovi modelli per organizzarsi, e **sulla decisione di considerarsi completamente responsabile, e autore, della propria esistenza.**

15. Qual è il punto d'arrivo del life coaching: una felicità materialista, oppure una visione spirituale? O altro ancora?

Parlare di "punto d'arrivo nella vita", in un mondo in cui tutto cambia continuamente, è un'ingenua, rassicurante forzatura: "ingenua e rassicurante" perché illude le persone che si considerano deboli, di poter trovare, finalmente, una sola risposta definitiva assoluta … è una "forzatura" perché illude che le cose andranno proprio come vogliamo noi, il che non è possibile, dato che nel nostro percorso attraverso la vita incrociamo altri cammini, di altre persone, con altre finalità.

Il punto d'arrivo del life coaching che pratico io è mettere il cliente nella condizione di decidere quale stile di vita vuole assegnarsi per i prossimi 5 anni come minimo: è chiaro che tale decisione può essere cambiata, in futuro, quando matura un diverso livello di consapevolezza, nel cliente, e quando il cliente si accorge che le situazioni in cui opera richiedono una revisione dello stile di vita. Rivedere il piano fa parte del piano.

Ogni giorno dobbiamo rispondere alle sfide della vita, e infatti lo spiego ai miei clienti, proprio per rammentare loro che **non basta avere un piano scritto: occorre metterlo in pratica,** difenderlo, analizzare i risultati, correggere quanto non funziona, verificare e correggere il buon andamento delle nuove soluzioni.

Di nuovo, si conferma l'impossibilità di avere "una sola risposta, per tutto, per sempre". L'esperienza del vivere te lo dimostra.

Sul piano materiale ci sono continui cambiamenti, anche perché il rendimento del nostro corpo fisico varia, col passare degli anni. Sul piano mentale, ci sono delle strategie che durano per diverso tempo ma che richiedono una continua supervisione. Considera, poi, che varia la voglia di partecipare.

Sul piano spirituale, i valori etici, il senso della giustizia, la capacità di mantenere salda l'ispirazione, sono elementi che possono durare per tutta la vita, a patto che la persona s'impegni a seguire uno stile di vita che assegna il posto d'onore alla visione spirituale: anche a questo livello non c'è un punto d'arrivo stabile, indiscutibile, non minacciato, non attaccato, e intramontabile.

Parlando in modo molto generico, la volontà di esistere è alla base di ogni scelta, dal semplice cercare una posizione più comoda sulla sedia, al comprare un oggetto che promette felicità, dall'imparare una competenza che aiuta nella carriera, all'aderire ad un sistema di pensiero confortante ... Si sceglie di stare meglio.

Sono svariate migliaia, le situazioni che una persona può decidere di governare, per sentirsi felice: e, a seconda del suo livello di evoluzione, e dello stato d'animo del periodo, a volte paiono più urgenti i traguardi materiali, altre volte quelli più mentali e spirituali. Ad esempio: un incidente che ferisce il corpo porta l'attenzione immediatamente sul piano materiale; una volta guarito il corpo, la priorità diventa trovare una strategia migliore, per evitare che l'incidente si ripeta. Variano i contesti da gestire.

Ci sono vari elementi da considerare, in continua trasformazione: un punto d'arrivo fisso non è rintracciabile, e non può essere uguale per tutti. Può essere d'aiuto saper valutare e decidere rapidamente, riconoscendo gli elementi importanti: si tratta di un'affermazione generica, lo so bene, eppure, forse, è quanto più si avvicina all'idea di "un punto d'arrivo nel life coaching".

Il fatto stesso di vivere in un ambiente complesso può stancare, e ci porta a voler trovare delle risposte definitive: è una richiesta tipicamente umana, che trova una parziale soddisfazione quando ci si assegna uno stile di vita etico, cioè vitale, intraprendente, che mira a creare buone condizioni, nonostante il caos attorno.

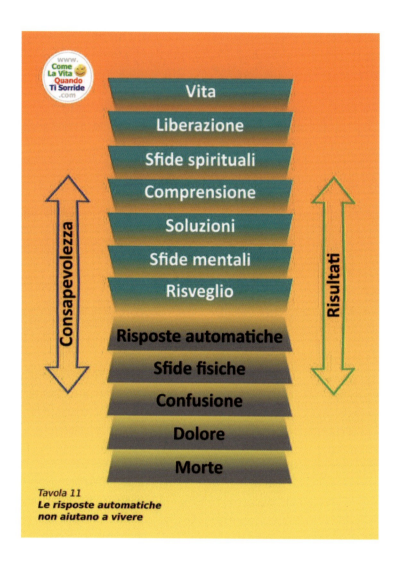

Osserviamo insieme la Tavola 11

Se viviamo accontentandoci di obbedire alla pubblicità, che ci dice cosa comprare; disposti a spaventarci, per obbedire ai mass-media, che ci dicono che cosa dobbiamo temere; e se speriamo di compensare tali pressioni dedicandoci agli svaghi indicati dalla pubblicità e dai mass-media, allora ci troviamo in una condizione piuttosto spenta, grigia, dove, al massimo, troviamo delle <u>Risposte automatiche</u> che usiamo senza capire: ad ogni compleanno cantiamo la solita canzoncina, quando arriva l'estate corriamo al mare, e ci comportiamo sempre così, perché troviamo rassicurante il conformismo.

E se non abbiamo i soldi per divertirci comprando quanto ci indicano la pubblicità e i mass-media, allora la condizione spenta e grigia in cui già ci troviamo peggiora: ci sentiamo coinvolti in <u>Sfide fisiche</u> e <u>Confusione</u>, perché non sappiamo come trovare i soldi, il tempo, e la direzione; di conseguenza proviamo <u>Dolore</u>, e infine arriva la <u>Morte</u>, prima a livello di fiducia nelle nostre possibilità, e poi a livello fisico.

Scendendo verso il basso, la <u>Consapevolezza</u> diminuisce perché non consideriamo più le risorse della Vita, che si trova in alto, al lato opposto rispetto alla Morte: e se non consideriamo le risorse, allora i nostri <u>Risultati</u> diventano deboli e scarsi.

Ma c'è una via d'uscita: se scegliamo di NON usare le Risposte automatiche, e se preferiamo ragionare, e agire, sapendo perché ci comportiamo come ci comportiamo, allora per noi inizia il <u>Risveglio</u>: i problemi ci appaiono come <u>Sfide mentali</u> che superiamo, troviamo <u>Soluzioni</u>, raggiungiamo la <u>Comprensione</u> del valore che noi Esseri Umani rappresentiamo. Così saliamo e superiamo le <u>Sfide spirituali</u>: questa è la vera <u>Liberazione</u>, che ci mette in contatto pieno, e cosciente, con la <u>Vita</u>.

16. A che cosa porta la consapevolezza della propria abilità? A cosa serve una visione spirituale? Perché si punta a questo?

Chi riesce a gestire l'ambiente, e le situazioni, in cui vive, si sente più soddisfatto, <u>perché rende più comodo il presente, per sé e per gli altri, nella prospettiva di un futuro più sereno, che tranquillizza</u>: per riuscirci, occorre essere abili quanto è richiesto.

La storia dell'umanità è la storia dello sviluppo dell'abilità, in tutti i settori: si è partiti dal soddisfare il nutrimento in modo continuativo; si è passati alle leggi scritte; si sono inventate le arti; è iniziata l'esplorazione della mente, e dello spazio cosmico. Man mano che aumenta l'abilità, aumentano le possibilità di saper risolvere i problemi, e, dunque, le possibilità di esistere.

Chi sa di poter diventare abile, si sente più tranquillo, e si sottrae all'angoscia della condizione naturale, <u>in cui basta davvero poco per perdere tutto</u>: una ferita, un batterio, il maltempo, possono rovinare completamente una persona, e il suo territorio. Ecco perché l'Essere Umano ha inventato la civiltà, e la sta ancora perfezionando: la civiltà è indispensabile per esistere sulla Terra.

Puntare a diventare consapevoli predispone alla creazione delle soluzioni che servono: infatti, se, quando appare un problema, ci si butta, con disperazione, in tentativi per risolverlo, senza avere un quadro del risultato preciso che si vuole ottenere, allora si rimane vincolati all'incertezza che tormenta e deprime. <u>La prima cosa da fare, dunque, è divenire consapevoli del fatto che si può migliorare la qualità della vita</u>: è una certezza fondamentale per vivere il presente, e per creare il futuro.

<u>E così, quando rimuovi le paure</u>, e i dispiaceri per i fallimenti, e scopri come puoi gestire meglio la tua vita, **ecco che riconosci, autentica e forte in te, la forza appassionante della vita.**

Ti consiglio di puntare a favorire questi risultati:

- ritrovare la gioia di vivere: se l'hai persa non era vera gioia, perché qualcosa che è tuo non puoi perderlo. Rammenta che la vera gioia ha origine, e finalità, nella visione spirituale: se hai una meta spirituale che servi ogni giorno, allora provi sempre la gioia di esistere;

- capire che cosa si vuole fare, e come riuscirci: capisci che cosa ti mantiene in vita, e abbandona quel che le mode e le paure ti dicono di fare. Quando l'hai capito, fallo senza esitazione: volendo farlo, trovi i modi;

- scoprirsi capaci, nonostante gli errori: è OVVIO che hai sbagliato, tutti sbagliamo, se siamo sulla Terra dentro situazioni che ci mettono alla prova, è chiaro che abbiamo un livello di abilità basso. Porta l'attenzione sui punti forti, dove sei capace, e diventa più capace;

- riconoscersi ricchi di esperienza, qualsiasi essa sia: i fatti dimostrano che sei qui, quindi hai dimostrato di saper superare parecchie prove, e, dunque, hai esperienza, il che è una importante risorsa;

- sentirsi pronti a tornare nelle sfide anche se i risultati richiedono un impegno maggiore, rispetto al previsto: vivere è difficile, per tutti, ma vivendo si impara e ci si perfeziona. Sappilo, e consolida il valore che hai già.

Con una forte base di fiducia in sé, rigorosamente basata su dati oggettivi, _NON su incoraggianti suggestioni_, si può affrontare la vita malgrado le difficoltà conosciute, e gli imprevisti dolorosi: chi è imperfetto e incapace non deve fermare un Essere Umano, etico e spirituale, che sceglie di riuscire, nonostante le difficoltà.

17. C'è davvero una parte buona dentro di noi?
Oppure rischiamo di liberare l'egoismo, se siamo noi stessi?

> **Ciascuno di noi decide in base a quanto sa:** se si è intelligenti, con l'esperienza, variano la quantità e la qualità del sapere. Si imparano strategie, si confrontano risultati, si deduce che cosa conviene fare.
>
> Se, però, richiede tempo e fatica, la scoperta di una migliore strategia, che produce risultati oggettivamente più validi, **alcuni insistono per conservare e imporre quanto più a lungo possibile la vecchia strategia,** *anche se non funziona, anche se crea ulteriori danni:* PERCHÉ?!?
>
> La risposta è illogica per una persona saggia, ma è sensata per chi non è abile, che, appunto, usa ancora la vecchia strategia *pur sapendo che NON funziona* soltanto perché, dato il suo livello di intelligenza, gli è costata parecchio, e non vuole investire nel nuovo; **infatti, già soltanto per la fatica che è costata, valuta "preziosa" quella strategia,** perché esprime "una conquista personale", che difende con orgoglio: **non bada all'efficacia della strategia, gli piace il fatto di "averla sua".**

Cercare strategie che funzionano rientra nel semplice buonsenso, che si accorda col desiderio di sopravvivere, desiderio che è il giusto atteggiamento di fondo, facile da osservare negli esseri viventi.

> **Alcuni Esseri Umani sono dotati di un'intelligenza brillante, come dimostra l'esistenza della civiltà:** anche se ancora imperfetta, grazie a loro la civiltà è più accogliente della natura, per gli Esseri Umani.
>
> E dunque, proprio perché ALCUNI sono intelligenti e sanno inventare strategie che risolvono anche situazioni difficili, **MOLTI Esseri Umani, SCIOCCHI, si credono altrettanto abili, e si dichiarano uguali ai migliori.**
>
> Per quanto sia oggettivamente assurdo, molti incompetenti si credono capaci, tanto quanto i migliori, e insistono, testardi, per imporsi a tutti.

> A quel punto inizia la lotta sociale: **Esseri Umani diversi per abilità e intelligenza si scontrano per imporre il proprio punto di vista.**
>
> **I migliori, più intelligenti, ovviamente combattono per difendere il valore di ciò che funziona**: i peggiori, gli sciocchi, combattono perché sono invidiosi della stima generale che i migliori ricevono.
>
> Rammenta un fatto: un Essere Umano è spirituale, e, quindi, i suoi pensieri sono forti, e si aggregano in forme-pensiero che creano gioco di squadra, e determinano correnti potenti; quando prevale "il delirio degli sciocchi", la civiltà si corrompe e affonda.
>
> Rammenta, dunque, che anche uno sciocco è dotato di forza del pensiero e, quindi, uno sciocco è pericoloso per la civiltà, perché impone a tutti la "spazzatura" che produce e che mette ovunque.

Da questo scontro di imposizioni derivano malintesi, litigi, guerre, devastanti e dolorosi: e inoltre allontanamenti, ostilità nascoste, ostilità aperte, rivoluzioni, torture, e ogni sorta di comportamento atroce che punta a eliminare gli avversari, appunto per imporre il proprio punto di vista, che è costato parecchio per essere raggiunto, e che costa parecchio per essere difeso. **Ancora una volta, agli sciocchi, piuttosto che l'efficacia della strategia, piace il fatto di "averla" e la impongono con forza, orgogliosamente.**

> Considerando questi elementi, facilmente verificabili, si può dedurre che l'egoismo, l'aggressività, e molti atteggiamenti distruttivi, derivano dalla paura: la paura di non poter esistere. La paura che le proprie certezze, ottenute a fatica, su cui si basa la propria sopravvivenza, vengano spazzate vie dagli avversari.
>
> La paura deriva da un ragionamento logico di un individuo debole. **Senza certezze, un Essere Umano si sente perduto, triste, senza prospettive di sopravvivenza nel futuro. E diventa egoista.**

> Chi ha paura, se non è all'ultimo stadio in cui si sente totalmente paralizzato, usa le sue ultime energie per attaccare l'altro, perché teme di venire spazzato via: un comportamento del genere non rivela un'indole cattiva, ma tanta disperazione, dovuta al timore di non sapere cosa fare per continuare ad esistere, e per aiutare ad esistere chi si ama. **Chi non è abile ha paura, e non sa cosa fare.**

Il life coaching che io conosco e pratico, per affrontare la paura di non poter esistere a causa della propria incapacità, sceglie la via della tranquillità: fa notare alla persona le risorse disponibili, e la sua capacità di imparare strategie adatte a sé, più sicure e più durevoli.

Il punto d'arrivo del life coaching che io conosco e pratico è portare la persona a non sentirsi minacciata dal mondo: se ci riesce, si rilassa, crea soluzioni costruttive, e, in questo modo, emerge la parte buona, che è l'essenza dell'Essere Umano.

Nei periodi di prosperità fiorisce tutto: dalle arti alle leggi giuste, dalla fratellanza alla sana competizione, dal capirsi all'aiutarsi, appunto perché si percepisce un ambiente generale favorevole, accogliente. Succede per le civiltà, e succede per le nazioni, i gruppi, le famiglie, i singoli individui. Succede per l'individuo che si stima.

Quando fioriscono gli individui, le famiglie, i gruppi, le aziende, le nazioni, le civiltà, le scienze, le arti, allora emerge evidente, serena, rassicurante, persino risplendente, l'essenza buona, generosa degli Esseri Umani. Per riuscirci, serve *molta* intelligenza.

I comportamenti più umilianti, le aggressioni, le cattiverie, derivano dall'essersi inseriti dentro situazioni che non si sanno gestire, dove le strategie, mai etiche, si rivelano inefficienti: questo genera disperazione, ferisce l'orgoglio, e, soprattutto, non insegna cosa fare. **Soltanto chi è intelligente lo sa, supera la delusione:** così si riprende, e impara, ed emerge la bontà.

È difficile vedere la bontà del genere umano, nel delirio generale in cui siamo, che è lo stadio avanzato di almeno 5.000 anni di paura accumulata dalla civiltà umana, come dimostra la Storia che elenca guerre, dittature di pazzi, e strani virus che sterminano senza alcun motivo: ancora più difficile è supporre che esista, la bontà umana, e pare impossibile farla emergere.

Se, invece, porti l'attenzione su di te, capisci come tu possa avere accettato la paura del delirio generale: ripensa alle tue scelte, al tuo bisogno di conformismo. *Lì ti sei piegato alla paura*.

Quando lo capisci per quanto ti riguarda, allora capisci che i più esaltati e feroci capi e capetti sono degli Esseri Umani deboli, poco intelligenti, che cercano di esistere e che non sanno produrre opere di valore; **sono disperati perché, davanti a sé, vedono solo la vecchiaia e la morte del corpo: senza corpo, e con un corpo che invecchia e si ammala, non sanno cosa fare**, impazziscono, aderiscono a qualsiasi perversione, a qualsiasi dittatura che riescono a capire al loro livello privo di etica... e siccome quelle pazzie corrispondono al più alto livello mentale che sono riusciti a raggiungere, ed è l'unico livello che hanno a disposizione, allora difendono con tutte le forze il delirio: così nasce e si rafforza il trionfo dell'opinione della massa, avida, spaventata, e disperata, alla ricerca di un modo fisico per vivere, che corrisponde al suo scarso livello di intelligenza.

È un errore diffuso: preferiamo ciò che ci piace, e ci piace perché sappiamo farlo senza fatica. Pochi fanno quanto serve per l'etica.

Soltanto i migliori, più intelligenti e più sicuri di sé, affrontano le sfide: il life coaching che io insegno e pratico invita a divenire sicuri di sé quanto basta per affrontare le sfide, nonostante esse siano complesse. **È difficile: ma non abbiamo alternative.**

Tavola 12
Dalla sopravvivenza alla civiltà

Osserviamo insieme la Tavola 12

Alla base dell'impressione di esistere in forma fisica, sul Pianeta Terra, c'è il concetto di <u>Sopravvivenza</u>: è diffuso in tutti gli esseri, e persino in quello che chiamiamo "mondo inanimato", come il regno minerale; e anche nelle leggi della chimica, e della fisica, ci pare di riconoscere "la volontà di esistere", che sembra dirigere la formazione, e il mantenimento, di precise forme fisiche, con alleanze, e repulsioni, tra gli elementi.

In questo scenario l'Essere Umano vuole esistere, cioè essere e continuare ad essere lì, dove si trova il corpo fisico modello Homo Sapiens che usa: queste sono le sue <u>Buone intenzioni personali</u>, e per riuscirci usa le sue <u>Strategie Personali</u>.

Lo scenario è complesso, e il <u>Confronto</u> è inevitabile, e anche necessario: altri esseri hanno <u>Varie intenzioni soggettive</u>, e ciascuno a modo suo vuole stare in una porzione di spazio e di tempo già popolata; e ci sono i <u>Limiti naturali</u>, che determinano come, e quanto a lungo, con quali livelli di abilità, si può esistere. L'incontro tra diverse volontà crea un accordo, che chiamiamo "<u>Realtà</u>": ci pare che le cose siano in quel modo.

Tuttavia, l'accordo armonioso è raro, e spesso ci si scontra: siccome non si può sopravvivere, e vivere bene, nel continuo e insidioso contrasto, allora occorre trovare delle <u>Soluzioni</u>, cioè delle nuove combinazioni delle risorse, in modo che lo scenario risulti più accogliente, più stabile, e più rassicurante.

Quando si capisce il valore dell'armonia generale, allora si inizia a coltivare una <u>Comprensione estesa</u>, che invita, serenamente, ad attivare la <u>Collaborazione sociale</u>, scelta in modo responsabile. Questo è il principio della <u>Civiltà</u>, che esiste quando si ha superato il <u>Materialismo</u> della sopravvivenza e si raggiunge la <u>Spiritualità</u>.

18. Come ci si può sentire bene in un mondo che ha mille problemi? Il life coaching illude?

Una situazione ci appare minacciosa se ci consideriamo incapaci di gestirla: ad esempio, lo scolaretto, davanti al compito di aritmetica, se non è preparato si sente frustrato, infelice, vittima di un terribile complotto. Se, invece, si prepara adeguatamente, scompare la sensazione di subire disgrazie insormontabili, che lo condannano all'infelicità perenne.

La realtà indica precisamente che cosa è richiesto, per mantenere in funzione la civiltà umana e per migliorarla: i dati mostrano, con precisione, che cosa è in disequilibrio, proprio come l'asticella indica, al saltatore, di quanto si deve elevare per superarla. I dati sono oggettivi, indiscutibili.

Chi, con atteggiamento maturo, considera i dati — perché capisce che conviene sapere gestire il proprio ambiente, piuttosto che considerarlo popolato da spiritelli dispettosi che organizzano disgrazie contro di noi perché vogliono farci sentire frustrati, infelici, e vittime di terribili complotti — **e così si rasserena**: apprezza il fatto di notare cosa è richiesto, e volentieri si prepara per diventare abile tanto quanto serve.

Il life coaching libera dall'illusione, triste e limitante, che porta a considerarsi deboli e incapaci di risolvere i problemi: infatti, il life coach aiuta la persona a capire che possiede del valore, magari ad un livello ancora soltanto potenziale, eppure il valore, l'intelligenza, la memoria, e la possibilità di imparare da persone più abili, e persino di collaborare con loro, sono elementi sicuramente presenti, in questo mondo, anche se tali risorse sono mischiate a mille problemi. **Grazie a quelle risorse si risolvono i problemi, e Il life coach lo spiega al cliente**, per portare il cliente a capire che può usare quelle risorse.

Il punto di arrivo di un consulto è non bloccarsi sui problemi: è trovare le risorse che possono risolvere i problemi. <u>Non si tratta di ottimismo forzato, ma di oggettivo riconoscimento delle possibilità</u> che ogni Essere Umano ha a sua disposizione.

Io spiego, nel consulto, che è comprensibile, anzi: necessario, **sentirsi smarriti in un mondo che ha mille problemi.** Comprendo la confusione che una persona prova, quando gli sembra che nulla abbia un significato, una funzione, una prospettiva valida.

In quei casi scelgo di spostare l'attenzione della persona dalla confusione alle risorse, <u>e metto, al centro del discorso, i risultati che il cliente ha già ottenuto in passato</u>: anche se sono modesti, anche se il mondo li ignora, sono dati che, oggettivamente, dimostrano che la persona ha saputo ottenere dei risultati, <u>il che conferma che esiste un potenziale, da recuperare e investire.</u>

Lo dico non per consolare il cliente, in nome di un generico "buonismo": lo dico perché **invito a distinguere nettamente la confusione, che avvolge la persona, dall'essenza della persona.**

<u>Io non mi occupo della confusione</u>: è un argomento fuorviante, troppo vasto, troppo soggettivo, ognuno ha la sua.

<u>Invece, io mi occupo dell'essenza: l'essenza di Essere Umano.</u>

> **L'essenza è verificabile: è il "sentire nostro", di Esseri Umani.**
> **È il tipico sentire di esistere, di pensare: è accorgersi di pensare.**
> Siamo fatti così: testardi, ingenui, ambiziosi, emozionanti,
> a volte ridicoli, eppure vincenti, nel lungo termine. *Lo sentiamo.*

<u>Procediamo a velocità diverse, ciascuno di noi è avvolto nei propri "strati di confusione"</u> che ci fanno apparire diversi, ma la sostanza non cambia: **la sostanza, umana, buona, c'è.**

Lì va portata l'attenzione: nell'essenza spirituale umana buona.

Fuori, nella confusione descritta dalle notizie ufficiali, vengono presentate risposte parziali che confondono ancora di più.

Io aiuto a riconoscere "gli strati di confusione": non devo nemmeno toglierli ... È la persona che arriva, per conto suo, a domandarsi se ha senso conservare gli "strati di confusione": perché dovrebbe farlo? *Per fare contenti i telegiornali?*

La risposta matura nella persona, quando la persona si concede di osservare, ammette come stanno le cose, e ragiona: è un processo di consapevolezza graduale, perfettamente cosciente, che chi si pone le giuste domande attiva, e sviluppa da sé.

A quel punto, chiarito che "gli strati di confusione" non fanno parte della vita e dello sviluppo etico della persona, il potenziale emerge: la persona che ha scelto di capire lo riconosce, capisce che il potenziale è suo, capisce che può usarlo senza dover chiedere permessi, e così comincia a considerarlo, si organizza, e decide di procedere, sa cosa fare, sa di essere un'essenza spirituale, che ha qualcosa di unico da proporre al mondo.

> Quando l'essenza umana buona è avvolta dalla confusione, sembra mancare. Appena togliamo la confusione, e capiamo chi siamo, allora comprendiamo lo scenario, e procediamo con bontà.

Verifica da te questi concetti, perché sono importanti: **molte volte restiamo bloccati dentro una confusione che non è nostra, e che tuttavia accettiamo** ... Succede, ad esempio, quando crediamo alle brutte notizie: cominciamo a diventare pessimisti, sospettiamo degli estranei, temiamo i famigliari e gli amici, siamo sicuri che una catastrofe stia per succedere ... Di sicuro, viviamo malissimo, se lo crediamo davvero, e diffondiamo malessere: **meglio la via spirituale.**

Se osservi quante pubblicità ci sono, per indicare che cosa, secondo la propaganda, "bisogna fare", capisci quanto è diffuso il bisogno di conformismo: <u>deriva da scarsa autostima, e, infatti, la propaganda tiene bassissima l'autostima dell'umanità</u>, pretendendo di convincerla che deriva da scimmie che hanno, quale UNICO obiettivo, consumare i prodotti della pubblicità.

Certo, bisogna accettare gli altri: il consorzio umano per tutti è indispensabile. Quindi, <u>se ora c'è questo scenario, parti da qui, e immetti la visione spirituale ANCHE nel mondo materialista</u>.

Quando c'è una volontà comune etica, la vita civile si afferma: <u>bisogna insegnare questo, informare chi non lo sa, e correggere chi si allontana dall'etica</u>: **è buonsenso, che si chiarisce nella giustizia.** La vera giustizia è etica: NON è vendetta personale.

Se capisci questo, allora chiediti: *"Se la maggioranza non è etica, va corretta la maggioranza? Possibile che molti sbaglino?"*

Sì: occorre riconoscere e difendere ciò che ci mantiene in vita, quindi in armonia con il Grande Disegno. Infatti, **la giustizia, etica, NON è vendetta personale, e fa parte dell'autocontrollo sociale.**

Si agisce per il bene comune: come fanno gli inventori.

Chiediti se la politica attuale, mondiale e in ogni nazione, ci mantiene in vita, e se la sua giustizia è costruttiva o vendicativa.

Chiediti se le regole che ti dài sono coerenti con la visione spirituale che dici di usare come riferimento, oppure se la soffochi per uniformarti alla maggioranza con scarsa autostima.

Se capisci cosa ti mantiene in vita, e quanto puoi fare, di etico, allora lo fai senza esitare, e sai di aver fatto la cosa giusta.

Tavola 13
Il potenziale può emergere e realizzarsi

Osserviamo insieme la Tavola 13

Ogni Essere Umano è spirituale, anche se non lo sa, e anche se, pur essendo informato di ciò, preferisce ignorarlo.

La spiritualità è una grande risorsa, perché rasserena, anche nei momenti difficili, e ispira, e fortifica, nei momenti migliori. Possiamo dire che il saper riconoscere l'essenza spirituale che si è già, costituisce il <u>Potenziale dell'Essere Umano</u>.

Nella società materialista, la spiritualità è negata, e, quindi, anche il potenziale degli Esseri Umani è negato: a loro si chiede di obbedire soltanto al volere del governo centrale materialista.

L'essenza spirituale dell'Essere Umano esiste comunque, perché è al di fuori dello spazio e del tempo: esiste come coscienza, dunque, è immateriale, e non si danneggia.

Tuttavia, chi crede che la realtà sia soltanto la somma delle <u>Cattive notizie</u>, fondate su <u>Dati sbagliati</u> e incompleti, usati per realizzare la <u>Manipolazione</u>, si deprime, e siccome sposta l'attenzione sul pessimismo che lo circonda, perde il contatto con il proprio potenziale, e si ritrova incapace di agire: di conseguenza, prova <u>Sensi di colpa</u> per i reati sociali di cui la propaganda lo accusa, ha <u>Sfiducia</u> in tutto, e l'unica certezza che considera solida e predestinata sarebbe la sua <u>Incapacità</u>.

Se, impreparato, un Essere Umano osa uscire dalla suggestione della propaganda, soffre, a causa delle <u>Delusioni</u> che derivano dalla sua abituale <u>Rassegnazione</u>, e abbondante <u>Ignoranza</u>.

Per uscire dalla trappola, occorre riattivare la spiritualità, così si accende il pensiero che nota le <u>Risorse</u>, crea <u>Soluzioni</u>, e raggiunge il <u>Successo</u> vero, realizzato nell'etica vissuta.

19. Qual è la lezione più importante che insegna il life coaching?

Per come lo conosco e insegno io, è la capacità di organizzarsi:
quando capisci cosa ti mantiene in vita, ti organizzi per favorirlo.

Organizzarsi offre importanti vantaggi:

- Distingui cosa ti favorisce e cosa ti blocca.
- Fai le tue scelte, sicuro di farle al meglio per quanto sai.
- Rispetti le tue decisioni, e la parola che hai dato.
- Insomma, diventi disciplinato: cioè disposto a imparare, e ad applicare con rigore quanto impari.

Quando si comincia a prendersi cura di sé, con l'intenzione di portarsi ad un livello di benessere più esteso, più consistente, e più elevato, rispetto al livello in cui si trova chi vive con una soddisfazione insufficiente, si scoprono altri vantaggi:

- Si diventa sanamente esigenti: si vuole una civiltà etica.
- Ci si stima di più, sulla base del valore offerto, e …
- … Di conseguenza, si vuole essere in un ambiente dove le cose funzionano, grazie ad altre persone di valore.
- Si capisce, anche, che la scelta dell'ambiente, e il suo buon funzionamento, dipendono dalla **decisione di essere abile protagonista della propria esistenza**.
- Si impara a considerare lo scenario ideale in cui si vorrebbe vivere, le risorse necessarie per realizzarlo, le risorse già disponibili per riuscirci, e lo si realizza.
- Si diventa determinati, il che innesca un atteggiamento pratico, che scarta l'inutile, e fa concentrare sui risultati.

Io invito il mio cliente a considerare, da subito, il punto d'arrivo che vuole raggiungere, e a mettersi in gioco proprio per ottenere quanto sogna: infatti, non si tratta di un sogno, ma di un progetto.

Troppo spesso alcuni si accontentano di consolarsi pensando a ciò che vorrebbero ottenere: chi cade nella "trappola della pigrizia che consola" commette di solito questi errori tipici:

- Perde tempo, e il tempo non ritorna: è un grave danno.
- Distorce la percezione del suo progetto, e della realtà, perché si abitua a considerarlo irrealizzabile.
- Tollera le approssimazioni, e le contraddizioni, appunto perché nelle sue "fantasie" tutto è irreale.
- Abbassa la qualità della sua vita, e non se ne accorge.
- Diventa incapace di creare delle alternative, e si spegne.

Ecco perché io spiego che occorre iniziare subito a realizzare il proprio sogno: sia perché la fase di progettazione richiede più tempo di quanto si crede di solito, sia perché il confronto con la realtà aiuta a capire cosa è richiesto nell'ambiente in cui si vuole esistere, e come conviene prepararsi.

In più, quando si entra nell'esecuzione di ciò che va fatto per realizzare un vero progetto etico, si dissolvono le paure e ci si occupa di dati concreti: il che dà forza, e fa salire l'autostima. E rende molto più capaci di rispondere alle sfide della vita.

Infatti, riesci bene nella vita, e non esiti, quando hai:

1. Una meta etica ben definita: è il Punto di Partenza.
2. Una strategia per realizzare la meta etica del Punto 1.
3. La formazione per applicare la strategia del Punto 2.

Considero molto costruttivo, per il carattere e per l'attitudine nella vita, **progettare con l'intenzione di ottenere un risultato preciso**: così si diventa responsabili, e, anche, più determinati. So che va di moda la pigrizia approssimativa: è un grave errore, perché è più vitale attivarsi, organizzarsi, applicarsi, e riuscire.

20. Il life coaching può essere una risposta adatta ai problemi di oggi? Non è troppo individualista?

Le risposte che servono al mondo, soprattutto oggi con i problemi globali che esistono, devono scaturire dagli individui: ciascuno di noi è responsabile delle proprie scelte, e la somma delle scelte determina il livello etico (cioè vitale) di una società.

Di conseguenza, occorre che OGNI PERSONA si consideri del tutto responsabile di quanto fa, e si comporti, in modo etico, cioè vitale, cioè con realistiche prospettive di futuro, senza aspettarsi che il gruppo, o il leader, o il miracolo pongano rimedio ai suoi errori.

Non ci possiamo permettere di essere scarsi, sperando che la media generale innalzi il livello di soddisfazione complessivo: se tutti ragionassimo così, affonderemmo. Se tutti facessimo poco, controvoglia, sperando di essere "spinti in avanti" da chi, invece, si impegna e lavora bene, con impegno, sarebbe la fine.

Infatti, **prosperiamo nella misura in cui ci sono individui che scelgono di creare progresso**: quanti più individui si impegnano nella creazione di soluzioni, distaccandosi dalla massa che si accontenta di vivacchiare nei problemi di oggi, tanto prima, e tanto meglio, risolviamo i problemi e creiamo una civiltà etica.

Se procediamo lentamente, e se ci sono ancora molti problemi, significa che poche persone di valore sono disponibili e attive nell'interesse generale: occorrono più persone abili ed etiche.

Nell'epoca della globalizzazione e dell'integrazione dobbiamo capire che bisogna **COLTIVARE** persone di valore, in modo che non siano più delle rarità, isolate, o addirittura perse, nell'indifferenza di chi tollera il degrado, e si considera incapace di porvi rimedio. **Non serve un "metaverso che diverte": servono persone valide.**

Sviluppare il senso di responsabilità individuale è una risposta vitale, che risolve i problemi: fuggire nel virtuale è stupido, come è stupido fingere che i problemi non esistano, fumare per illudersi di essere forti, bere alcolici per stordirsi e non pensare, drogarsi per avere allucinazioni, con la differenza che fumo, alcol, droga, sono esperienze individuali che rovinano "soltanto" chi si aliena, chi vive con loro, e i malavitosi che realizzano tutto ciò, *sia fornendo le sostanze per alienarsi, sia favorendone il commercio e fingendo che non esista;* **mentre, molto più grave, è l'imposizione del virtuale a tutta la popolazione, perché il virtuale separa dall'esperienza materiale che è perfetta per sviluppare la consapevolezza etica umana.**

Soltanto i nemici dell'umanità possono confinarla con violenta forza nel virtuale legalizzato, il cosiddetto "metaverso".

In passato, ci siamo sentiti soddisfatti aggregando masse di impreparati, convinti che "l'unione fa la forza": i fatti dimostrano che l'unione di incompetenti non aumenta, anzi, rovina la qualità della prestazione, e, genera impennate di orgoglio distruttivo.

In modo altrettanto evidente, i fatti dimostrano che gli inventori, gli scienziati, gli esploratori di ogni nuova "frontiera" sono singoli individui, o, al massimo, pochi gruppi coordinati che procedono in base ad un'**unica** *visione finalizzata*, **e trionfano se sono etici**.

È un fatto molto facile da verificare, eppure **alcuni preferiscono convincersi di ipotetici, e impossibili, miglioramenti dovuti alla fortuna e al passare del tempo,** come se il tempo istruisse le masse di incompetenti, e le rendesse intelligenti, abili, etiche.

Ci siamo adagiati troppo in un ottimismo tanto roseo, quanto infondato: ora bisogna rivedere, alla luce dei dati oggettivi, il modo di ragionare che abbiamo usato e i risultati ottenuti, **per sostituirlo con un'attitudine etica, spirituale, costruttiva.**

Osserviamo insieme la Tavola 14

Per vivere bisogna sapere come si fanno le cose: quanto più sai, tanto più puoi elaborare i dati, e tanto meglio crei le soluzioni.

La somma di quel che si sa, è il livello di <u>Abilità</u> che determina la possibilità di esistere e di prosperare: questo principio vale sia per il singolo individuo, sia per la società.

Quando la <u>Comprensione</u> è al di sotto del livello <u>Minimo richiesto</u>, si cade nel <u>Fallimento</u>: quanto più si ignorano le procedure operative a disposizione, tanto più ci si allontana dal livello di comprensione disponibile in quella porzione di spazio-tempo. Ad esempio, se è possibile utilizzare la posta elettronica e se non la si usa, si fallisce perché ci si esclude da tutte le attività che richiedono l'uso della posta elettronica.

Quando si migliorano le procedure operative, allora si ottengono risultati migliori, cioè più vitali, in minor tempo, in maggiore quantità, con benefici più estesi: la capacità di operare al di sopra del livello di Comprensione generale si chiama "<u>Abilità</u>", e determina il <u>Successo</u>.

Chi è più abile, ottiene di più, usando la stessa porzione di spazio-tempo che altri sanno utilizzare soltanto in parte: l'abilità determina quanto bene si raggiunge il Successo.

Il progresso della civiltà innalza il livello di comprensione generale: di conseguenza, chi non sa operare a quel livello, si trova nella zona del fallimento, nonostante l'impegno e le sincere, buone aspettative sperate per le proprie azioni.

Si può anticipare, e persino dirigere, il livello di comprensione generale, se si sceglie di impegnarsi per divenire più abili.

21. Se il life coaching invita ad essere sé stessi e individualisti, si può, al tempo stesso, avere una vita sociale?

Bisogna essere sé stessi, per avere una vita sociale: <u>altrimenti, quando si incontrano le altre persone, si interpretano ruoli, in modo anonimo, soltanto per compiacerle</u>, soltanto per apparire "normali", e, di conseguenza, ci si sentirebbe privati di un'identità vera, soddisfacente, degna di un Essere Umano.

Se non si è sé stessi quando si relaziona con gli altri si innesca una serie di incomprensioni che possono diventare complesse, e persino dolorose: il life coaching, per come io lo insegno e pratico, invita a riconoscere, e a valorizzare, i propri punti etici forti, per presentarli armoniosamente in pubblico.

<u>Quindi sì: si può, essere sé stessi, proprio per avere una vita sociale sincera, per creare rapporti leali, su cui si può contare.</u>

Autenticità e socializzazione vanno di pari passo: infatti, una società che funziona è composta da individui che forniscono un apporto sincero. Ciascuno dà al gruppo il meglio di sé.

Per lo stesso motivo, se le persone mentono, allora la società si disgrega, perché diventa un insieme di persone che si considerano forzate a socializzare e che, appena possono, fuggono via, preferendo rifugiarsi in "evasioni di vario genere", appunto perché non sanno creare veri rapporti sociali.

<u>Alcuni esempi di "evasioni" usate per non socializzare in modo umano, diretto, pieno, e responsabile sono i mondi virtuali, i videogiochi, e i cosiddetti "siti social"</u>, che vanno di moda su internet, dove per "vita sociale" si intende illudersi di essere un "avatar", cioè una rappresentazione grafica di un pupazzetto irreale, che "interagisce virtualmente" con altri avatar.

Gli Esseri Umani hanno bisogno di sentirsi importanti, apprezzati autori di opere vitali di cui possono andare fieri: vogliono essere sé stessi, e, se non ci riescono, aderiscono ad un gruppo, una tendenza, un campionato sportivo, una serie televisiva, appunto per illudersi di avere un'identità forte, da mostrare agli altri.

Il protagonismo innato che cerca un'identità, perché non sente di averne una, fa parte del difendersi, e il difendersi fa parte dell'istinto di sopravvivenza: sono elementi strettamente connessi tra loro, e presenti nella vita di ogni persona.

Anche chi se ne sta in disparte, e con molta modestia si occupa soltanto dei suoi fatti privati, lì, in quel suo "universo personale" tanto "umile", che altri non conoscono, **ha i suoi precisi punti di riferimento**, le sue abitudini tenaci, i suoi personalissimi "rituali quotidiani" che definiscono, e delimitano, con testardaggine, l'identità di quella persona, che, così, riesce a considerarsi unica.

Avere un'identità ben delineata aiuta a vivere, senza disperarsi mentre si procede verso la morte del corpo fisico: "attaccarsi a uno, o più, ruoli", e a molti oggetti, fornisce la momentanea illusione di vincere il tempo che passa, ma **se non si vive e lavora per una meta etica, c'è sempre disperazione, dentro di sé**.

Sapere quali sono i propri valori, incentrare su di essi la propria missione, e lo stile di vita che ne deriva, avere l'impressione di costruire un'eredità che si consegna alle future generazioni, **sono fasi essenziali del risveglio della consapevolezza, nel life coaching che io pratico**: si tratta di una mia scelta precisa, che soddisfa il bisogno dell'Essere Umano di riconoscersi in un'identità che merita onore, e aiuto, ora, e nel futuro, per il bene generale.

Quanto più ci si riconosce capaci, con una meta etica e altruista, di valore, tanto più si socializza volentieri, nell'interesse comune.

Il bisogno di sentirsi parte importante di un "progetto vitale più ampio" è evidente, nel nostro comportamento: infatti, **apprezziamo le storie di personaggi integri**, che hanno obiettivi precisi, uno spessore etico altruista, **eppure sono eroi solitari**.

Li ammiriamo perché ci piace vedere il valore individuale al servizio dell'interesse sociale: gli eroi, e i super-eroi, aiutano volentieri in modo disinteressato, e questo ci entusiasma, soprattutto quando è allineato con Amore, Verità, e Bellezza, princìpi vitali eterni, sempre attuali, e molto promettenti, sia nel privato, sia nel pubblico, che sono alla base di quanto insegno, e che sono nell'essenza di ogni mia comunicazione.

Il limite, dell'identificarsi con gli eroi, è che, se ciò avviene nella fantasia, mentre, nella realtà, viviamo altro, che consideriamo deprimente, allora perdiamo il contatto con la nostra missione: finché la fantasia stimola la mente, per creare progetti che creano risultati di valore, allora usare la fantasia aiuta a vivere; ma se fantastichiamo perché non sappiamo ottenere risultati di valore, allora la fantasia indebolisce la volontà, ed è un danno.

Infatti, quando siamo bambini, e quando da adulti impariamo qualcosa, e per mezzo della fantasia ci immaginiamo abili tanto quanto vogliamo diventare, e per cui ci prepariamo, *in quei casi* la fantasia aiuta, e consente persino di potenziare l'intuizione, che stimola il "contatto telepatico", diciamo così usando un termine generico che riusciamo a comprendere, che "ci mette in comunicazione" con i Piani Superiori: molte scuole di miglioramento personale giustamente consigliano di visualizzarsi già arrivati alla condizione desiderata, *a patto che, va sottolineato*, ci stiamo allenando per raggiungerla davvero per mezzo del nostro impegno. Un proverbio dice "*Aiùtati che il Ciel t'aiuta*": è corretto, dobbiamo, sul piano fisico, mettere tutto l'impegno possibile nostro, e, *dopo*, un aiuto *extra* arriva.

Bisogna vivere con gli altri, e non ci si può limitare ad un semplice scambio di merci e servizi: c'è anche il "calore umano" che contraddistingue le nostre esperienze, da esprimere e ricevere con reciproco rispetto, e non come una forma di dipendenza.

Chi è gentile, e sorride di più, ha una presenza più simpatica, ma attenzione: a volte si rischia di forzare la gradevolezza, emanata e percepita, **soltanto perché si soffre per una carenza di affetto**, e quindi si cerca di trovare, nel contatto con gli altri, un'intensità che non arriva dalle relazioni affettive. **Infatti c'è di più: abbiamo davvero bisogno di sentirci in armonia con l'Infinito**, e di sapere che le nostre azioni sono utili, e lasciano un'eredità al mondo.

Ognuno deve imparare come relazionare con gli altri, e, per tutti, le delusioni sono molte: con l'esperienza si impara a gestire i rapporti umani, **ma si arriva a scoprire che, comunque, occorre di più, e qui la visione spirituale si rivela** *fondamentale*.

Molti non ci riescono: cercano di colmare il "vuoto interiore" per mezzo di ulteriori rapporti con altre persone, e dimenticano il soprannaturale, il che li vincola di più alla materia, e, a causa di ciò, soffrono amaramente, e faticano per capire l'errore.

Come evitare di travisare i rapporti interpersonali fisici, e di affezionarsi troppo ad essi, **dimenticando la visione spirituale?**

Un buon modo consiste nel coltivare il proprio valore: così si sa che si viene apprezzati perché si offre qualcosa che gli altri oggettivamente desiderano, e non c'è dipendenza reciproca.

A quel punto l'autostima è solida, e quando si capisce d'aver bisogno di una prospettiva esistenziale più ampia, si sa che sul lato umano si è già soddisfatti, e, dunque, quel che si cerca deve trovarsi sul piano spirituale: così, serenamente, ci si eleva.

Tavola 15
Amore, Verità, Bellezza, Consapevolezza, Etica, Gioia

Osserviamo insieme la Tavola 15

La Vita sulla Terra, per un Essere Umano, è un'occasione per imparare a gestire le risorse, in modo coerente con lo scenario, il quale rivela un'Intelligenza Superiore, che finalizza gli eventi.

Gli elementi essenziali del vivere possono essere considerati come sei petali di un fiore: il primo è Amore, inteso come "La distanza desiderata"; infatti, quando si ama, si rispettano gli equilibri, per garantire la continuità della vita.

Saper disporre gli elementi alla distanza ottimale crea risultati che funzionano: questo è il secondo petalo, la Verità, perché ciò che funziona crea accordo, e l'accordo crea civiltà.

Il terzo petalo è la Bellezza, perché gli elementi ben disposti in modo che funzionino creano Ciò che ispira, e, dunque, valorizzano, il senso benevolo, lungimirante, della vita.

Il quarto petalo è la Consapevolezza: quando si comprende il significato dei primi tre petali, allora si sceglie di operare, sempre e comunque, per creare un reale Progresso, ossia un avanzamento nell'interesse di tutti gli esseri coinvolti.

Il quinto petalo è l'Etica, che consiste nel riconoscere, sostenere, rinforzare, difendere ciò che ci mantiene in vita, considerando TUTTI gli elementi, nel più ampio quadro di riferimento che riusciamo a concepire: questa modalità di esistenza, attiva, innovativa, e rispettosa della vita, crea un'autentica Civiltà spirituale, che prospera anche nella materia, e che propone un'organizzazione pura e lineare.

Il sesto petalo corona quanto preparato sino a questo punto, e consiste nella Gioia, che nella vita trova la vera Sicurezza.

Parte 2 di 3

Un bilancio della tua vita: cosa funziona, cosa è bloccato, e perché è bloccato

Nella prima parte ti ho parlato del life coaching: ho risposto alle domande che mi vengono poste più spesso, e che potrebbero anche essere le domande che tu vorresti pormi, per capire meglio il life coaching di cui mi occupo, e il mio pensiero a riguardo.

Ora che ti ho spiegato le linee-guida che mi ispirano, in quanto life coach, **focalizziamoci meglio su di te**: anche in questa parte, la seconda di tre, trovi delle domande, che ho ideato apposta per stimolare le tue riflessioni sulla qualità della tua esistenza.

L'obiettivo è riconoscere che cosa già ora funziona bene, nel tuo vissuto, e che merita di essere ben compreso e rinforzato, per distinguerlo da quanto funziona meno bene di quanto vorresti, per riconoscere, e correggere, le cause dell'insoddisfazione che provi.

Sono domande che ti aiutano a conoscerti meglio, e sono un tipico esempio del life coaching che io conosco e pratico: infatti, per mezzo di domande come queste ti capisci meglio.

Se permetti, ti do un consiglio per "usare a fondo" queste domande: ora leggile, anche 2 oppure 3 volte. E dopo che avrai terminato la lettura COMPLETA del libro … ritorna con calma su ogni domanda, seguendo l'ordine, e trascrivila su un quaderno di carta: sì, a mano, così vai piano e rimani più concentrato. **La lentezza aiuta a concentrarsi a fondo.** Un quaderno grande, in formato A4, secondo me è l'ideale. **Rispondi scrivendo, anche in più giorni, per espandere la visione.**

La tua vita funziona già bene, a livello fisico: anche se la tua salute non è perfetta, **respiri, digerisci, ti muovi**, e il sonno, determinante per rigenerarti, non ti manca. Osserva questi fatti: accadono perché c'è una buona organizzazione, *a monte*.

Non l'hai creata tu, ma è un indizio importante: funziona ciò che è stato organizzato. E tu devi rispettare l'organizzazione.

Nota, anche, che tu hai potere nella gestione del tuo corpo fisico: la scelta di cibi determina la qualità della tua energia, del sonno, e l'equilibrio generale. Osserva questi fatti: c'è una relazione diretta tra corpo fisico e condizione mentale.

Nota, inoltre, che **puoi pensare** a cose del presente, a cose del passato, a cose del futuro, e che puoi immaginare cose che non esistono, non esistevano, non esisteranno; inoltre, a livello di pensiero, puoi compiere tantissime altre modifiche, nelle cose su cui mantieni la tua attenzione.

Osserva questi fatti: **la tua condizione mentale è gestibile per mezzo della scelta dei tuoi pensieri**, e i tuoi pensieri possono cambiare le condizioni fisiche: così nacquero le civiltà,

Non puoi creare cibo dal nulla, semplicemente pensandolo, ma puoi creare modi per ottenere cibo: succede grazie alla tua mente, che può progettare quanto serve per materializzare i risultati desiderati. Questo può succedere in ogni campo.

I problemi fisici, materiali, evidenti, e i problemi astratti, si dissolvono, se pensi per creare le soluzioni che li risolvono.

Quindi, **c'è qualcosa che funziona molto bene, anzi, in modo ottimo: è la tua mente**, per mezzo di cui puoi organizzare il presente, riqualificare il passato, e creare un futuro etico.

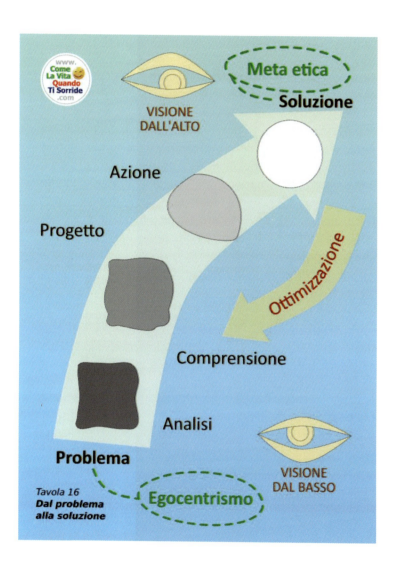

Osserviamo insieme la Tavola 16

Per ogni <u>Problema</u> esiste più di una <u>Soluzione</u>, e ciascuna richiede differenti investimenti di risorse: quindi, l'elemento che determina se un problema può essere risolto, come, e quando, è l'<u>Egocentrismo</u> di chi lo percepisce, e quindi, la scelta di investire risorse, in vista di un maggiore guadagno, è condizionata da una <u>Visione dal basso</u>, ambiziosa, vanitosa, e limitata.

Conviene, perciò, adottare subito una <u>Visione dall'alto</u>, che riconosce la <u>Meta etica</u> per cui si vive e si opera, e in cui la soluzione va inserita, se è saggio il costo dell'investimento.

Partendo dal basso, il problema richiede una <u>Analisi</u> di tutti gli elementi che lo compongono: in questa fase bisogna osservare bene, e non considerare nulla ovvio, perché, se fosse ovvio, e nelle condizioni ottimali, il problema non sarebbe così grave.

Segue la fase della <u>Comprensione</u>, in cui si ammette come stanno veramente le cose, anche se ciò offende qualcuno.

Si passa dunque al <u>Progetto</u>, che è, per definizione, costruttivo, ottimista, pronto a valorizzare le risorse a disposizione, capace di dosare, e tempificare, quanto va fatto, anche considerando i prevedibili rallentamenti, e i margini per gli imprevisti.

La fase successiva consiste nell'<u>Azione</u>, che materializza le buone intenzioni, e con tenacia ottiene i risultati necessari.

A questo punto, occorre verificare che la soluzione studiata e attivata risolva effettivamente il problema da cui si è partiti: perciò serve una <u>Ottimizzazione</u> dell'intero processo operativo, che riprende in considerazione ogni elemento del problema, e la coerenza del modo in cui sono state valutate le risorse.

22. Dove indirizzi le tue energie? In che cosa metti determinazione? Che cosa insisti a fare?

Ci sono situazioni materiali evidenti, e pressanti, che richiedono un tuo rapido intervento, e va bene occuparsene: ma **una volta risolti gli impegni urgenti, quanto tempo ti rimane per coltivare la qualità della tua vita?**

Certo, hai degli impegni da rispettare, e volentieri ti prendi cura delle persone a te care: hai promesso loro che l'avresti fatto, hai dato la tua parola, è perfettamente corretto che tu rispetti quanto stabilito di comune accordo. Fai bene: è giusto farlo.

Il punto è un altro: il punto è il risultato a cui portano gli impegni che hai preso, cioè il punto è capire quanta coerenza, e quanta armonia, ci sono nella tua routine quotidiana.

Calcolandolo in percentuali, da 0 a 100, quanto ti impegni nella solita routine e nella gestione delle emergenze, e quanto ti impegni in ciò che ti realizza, e che lascia un'eredità al mondo?

Se, pur rispettando i tuoi impegni già presi, tu organizzi le tue attività in modo che prevalga la "direzione spirituale", allora diventi più abile e più efficace: le tue energie rendono di più se le amministri per mezzo dell'autocontrollo e della pazienza, a cui puoi aggiungere anche un poco di dolcezza.

L'impeto che metti per affrontare la routine quotidiana che ti stressa, non deve diventare il tuo normale modo di esistere.

La vera forza non è aggressiva verso l'esterno: è interiore, e consente alla persona di domare le dispersioni e le suggestioni dei condizionamenti. **Ci riesci facendo riferimento alla visione spirituale, cioè creativa, capace di inventare soluzioni vitali.**

23. Che cosa ti ispira? Quali valori rimangono il tuo punto di riferimento inalterabile, al di sopra di tutto?

Considera sempre i tuoi valori: devono sempre stare in alto, nel tuo orizzonte mentale, così "li vedi bene", anche quando sei in difficoltà, anche quando la pressione contro di te è intensa, anche quando non vedi la fine dell'oscurità.

I tuoi valori, etici, cioè vitali, devono stare molto al di sopra delle noie che ti disturbano: i due piani, quello dei valori e quello delle noie, devono rimanere separati, e a te conviene stare dalla parte dei valori etici, perché lì c'è vitalità accessibile.

A volte, nella routine quotidiana, le piccole azioni necessarie per rispettare gli impegni presi, appaiono noiose, persino insopportabili: e <u>quando perdiamo la voglia di eseguire con pazienza i nostri doveri</u>, ci rendiamo disponibili ad ascoltare le "interferenze" che distraggono, e disturbano, al punto che <u>dimentichiamo quel che veramente conta, ossia i valori etici</u>.

Ecco perché i valori etici devono essere così grandi, e così consistenti, in te: devono esserlo perché tu possa "vederli" persino quando sei "immerso" nella routine quotidiana.
I valori etici devono essere maestosi, così, "anche da lontano", li riconosci subito, per forza, ed è giusto che sia così.

<u>Anche se attraversi momenti difficili, tra te e te, e insieme con le persone a te care, i valori devono risplendere molto elevati</u>, per consentirti di ritrovarli subito, per usarli come fonte di ispirazione, e come criterio per ritrovare il tuo equilibrio.

Quali sono, dunque, i tuoi valori etici che ti ispirano sempre?
Che cosa ti ricorda <u>la necessità di rimanere integri e attivi</u>?
Quali valori e quali sane abitudini ti hanno aiutato in passato?

24. Ci sono pazienza e dolcezza nella tua vita? Quanto? Armonizzi le tue energie fisiche e i tuoi valori?

Saper esercitare il lato docile del carattere consente di rispondere con calma alle sfide della vita: infatti, se eviti le risposte immediate — spesso dettate dall'orgoglio, piuttosto che da una strategia matura, e lungimirante — valuti gli elementi con maggiore chiarezza; alleggerisci i tuoi pensieri; e ti concedi nuovi orizzonti mentali, più pacifici e più produttivi, e, dunque, più etici.

Nella pazienza matura l'autocontrollo, <u>che genera la sicurezza in sé, e, dunque, genera anche il coraggio</u>: chi sa aspettare mantenendo viva l'intenzione di riuscire, si offre la possibilità di superare gli istinti dispersivi, e approda ad un più elevato livello di consapevolezza. La pazienza non serve per apparire distaccati e saggi: piuttosto, mira a rinforzare la consistenza del carattere.

Decidere di avere uno stato d'animo sufficientemente forte, per affrontare la vita con un minore impatto drammatico, <u>è una decisione che riduce la durezza, e, quindi, si basa sulla gentilezza</u>.

La forza d'animo, quando si compatta ed eleva, asseconda il buon funzionamento dell'energia vitale, che è alla base dell'intenzione di esistere, e di prosperare. Nel Grande Disegno l'armonia fluisce.

Considera il tuo abituale modo di comportarti: quanta calma esprimi? <u>Intendo "calma sincera", che proviene spontaneamente dal tuo modo di considerare l'esistenza</u>. La calma leviga la durezza.

Tutti abbiamo un limite oltre il quale perdiamo la pazienza, certo, non voglio farti sentire in colpa perché non sei imperturbabile ...

Invece, ti invito a chiederti: **dov'è il tuo limite? Perché è proprio lì?** <u>Cosa non sopporti? Cosa puoi fare a riguardo? Cosa puoi costruire</u>?

L'uso della mente è modificabile, il che consente di imparare: chi è saggio, prende subito ispirazione dai Piani Superiori. Chi è poco intelligente, mette la mente al servizio del corpo, e la usa per trovare soddisfazioni per il corpo: fa essenzialmente quello.

L'incompetente si sottomette al mondo fisico e soffre a causa di ciò: ma **attraverso i risultati fallimentari diventa evidente la saggia necessità di imparare, per ottenere risultati vitali.**

La cosa terribile è che la sofferenza chiude l'orizzonte mentale: quanto più sei abituato a restare confinato nella materia, tanto più fallisci nel prendere ispirazione dai Piani Superiori soltanto perché la tua attenzione è fissata sulla materia. Addirittura, se l'attaccamento alla materia è tenace, si dimenticano i Piani Superiori: ma la loro assenza produce dolore, e il dolore invita a trovare modi per ottenere risultati più vitali e meno dolorosi.

La civiltà materialista è organizzata per ignorare i Piani Superiori, eppure, per assurdo, continua a ricostruirli: la tecnologia tenta di fare quanto una mente allenata può fare, così come l'intelligenza artificiale tenta di avvicinarsi all'onnipotenza.

Il confronto tra mente e tecnologia è in termini di finalità: sarebbe assurdo sfidare una gru nel sollevare dei pesi, o un archivio elettronico nel memorizzare i dati, ma **chiediti a cosa serve la tecnologia, se non a fare quanto facciamo già, però ad un livello materiale più intenso.** Scoprirai che le finalità della tecnologia sono un pallido, goffo, tentativo di gestire la materia: ma siccome la vita sulla Terra è un'esperienza transitoria, ha senso insistere per creare macchine per vivere sulla Terra?

La tecnologia convince che il mondo fisico sia il punto d'arrivo: quindi è lontana dal senso della vita, ma **i risultati materialisti fallimentari spingeranno, gli incompetenti, verso i Piani Superiori.**

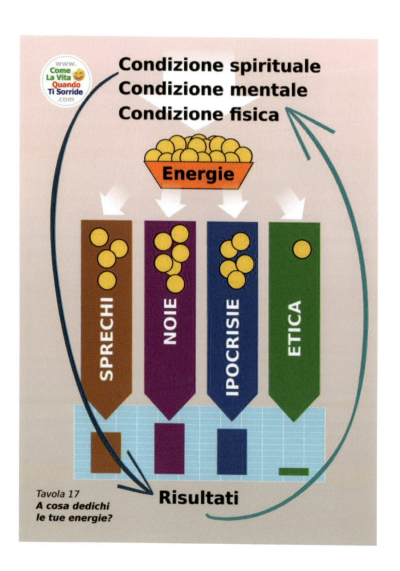

Osserviamo insieme la Tavola 17

I <u>Risultati</u> derivano dalla <u>Condizione spirituale</u>: la meta etica ispira; realizzarla è la ragione per cui si vive; e la prova, e anche la conferma che ciò abbia senso, è nei risultati che si ottengono.

Infatti, una corretta condizione spirituale crea serenità nell'Essere Umano, indipendentemente dal caos circostante: di conseguenza, risulta valida anche la <u>Condizione mentale</u>, perché i pensieri vitali nascono in una mente che è radicata nella visione spirituale superiore, creativa, lungimirante.

Quando la mente funziona, allora anche la <u>Condizione fisica</u> dimostra equilibrio: si ha un buon uso del corpo, nonostante i limiti materiali, l'invecchiamento, e la fragilità biologica.

L'apporto etico che un Essere Umano è capace di gestire passa attraverso queste tre condizioni e, in pratica, si può paragonare a delle "<u>Energie</u>", cioè a delle unità di vitalità da investire sulla Terra per creare opere etiche che creano una civiltà armoniosa.

Le energie vanno indirizzate, per ottenere i risultati che servono: perciò devono essere investite in progetti scritti precisi, che mirano a consolidare, e a innalzare, l'<u>Etica</u>, cioè la vitalità, nella situazione in cui si sceglie, consapevolmente, di essere e di agire.

Se manca il totale controllo delle energie, che deriva dalla corretta condizione spirituale, allora si sprecano le energie, e anche le risorse, e il tempo, a disposizione: molte situazioni sulla Terra sono drammatiche e dolorose perché gli individui, privi di una corretta condizione spirituale, e dunque incapaci di creare piani etici per ottenere risultati vitali, mettono le loro energie in occupazioni in cui prevalgono gli <u>Sprechi</u>, le <u>Noie</u>, e le <u>Ipocrisie</u>. Evita un simile, gravissimo errore, e amministra la tua vitalità.

25. Quali sono le tue certezze costruttive? Che cosa ti ispira sempre, anche nei momenti cupi?

L'esperienza del vivere sulla Terra è, essenzialmente, individuale: si nasce da soli, e si muore da soli, anche se, spesso, ci sono altre persone vicine e a noi, sia in quei momenti estremi, sia, soprattutto durante le numerose fasi che si svolgono tra essi.

Gli altri individui sono determinanti, a volte indispensabili, per la nostra esistenza: eppure, per quanto stretto sia il legame con qualcuno, ogni persona si trova da sola, nei suoi pensieri, quando valuta quel che dice essere "la sua esistenza", che è percepita, dalla persona, come un fatto strettamente individuale.

Sei tu che provi ciò che provi: per te è vero ciò che è vero per te, e gli altri raramente comprendono il tuo stato d'animo.

Il significato che diamo alla vita, che è, per ciascuno, l'esperienza più toccante, complessa, e determinante, perché lo riguarda, culmina nella valutazione individuale: l'ultima parola spetta a noi. Perciò, la felicità, o l'amarezza, che proviamo, considerando la nostra vita, è la sintesi a cui siamo arrivati, a ragione o a torto.

Nella tua esperienza, che cosa ti ha dato conforto e sostegno? Quali lezioni impari, vivendo, che possono ispirarti anche in futuro? Che cosa ti pare oggettivamente valido, e utile da sapere?

Quando costruisci un quadro generale di riferimento, basato sulle tue impressioni, **ti conviene inserirlo in una prospettiva ampia e confortante,** in cui la tua esistenza si armonizza con una visione saggia, che valorizza l'umanità: **in questo modo**, ti senti parte attiva di un progetto più grande, e sensato, e **superi la penosa sensazione di solitudine** che accompagna, in modo sotterraneo, ogni Essere Umano, soprattutto nei momenti di sconforto.

26. Quali lezioni incoraggianti ti ha insegnato la vita, sino a questo punto?

Il fatto di procedere da soli, attraverso la vita, mette nella condizione di maturare un punto di vista unico, e inimitabile: per certi aspetti, si tratta di una condizione che favorisce l'analisi, <u>appunto perché, trovandosi soli in un preciso spazio, e in un preciso tempo, si deve per forza imparare ad orientarsi, valutare, e decidere</u>. Esisti se sei consapevole: non se imiti altri.

La consapevolezza insegna l'importanza di assumersi la piena responsabilità di quanto si fa, <u>e lo spiega in modo evidente, nel senso che, appena fai qualcosa, metti in moto una serie di risultati</u> che, sicuramente, dipendono da quanto fai.

Lo puoi verificare da te, senza ricorrere a spiegazioni basate su "dati invisibili", "indimostrabili", "considerati veri senza una prova oggettiva": puoi fare, da te, una verifica imparziale.

<u>Di conseguenza</u>, **la solitudine della condizione umana**, che è percepita maggiormente nei momenti difficili, **consente di raffinare la comprensione**: infatti, se accetti l'evidenza che ciascuno di noi è solo, e se scegli di usare a tuo favore la solitudine, allora puoi scoprire che <u>quanto hai sperimentato, soprattutto nei momenti più impegnativi, ti ha portato a sviluppare una visione allargata, più matura e più forte</u>, **appunto perché si basa sulla tua piena responsabilità**.

<u>Inoltre</u>, **se sei abbastanza saggio da comprendere il valore della cultura, allora puoi rendere più fertili, profonde, e articolate, le tue analisi**, il che ti rivela quanto sai a proposito del vivere. La cultura, infatti, ti fornisce temi su cui riflettere, da integrare con le tue esperienze, per costruire una visione estesa e al tempo stesso pratica: <u>lo studio finalizzato ti evolve</u>.

27. Che cosa puoi insegnare tu, agli altri? Quale eredità lasci alle generazioni future? Come la prepari?

Le esperienze della vita, che ogni singola persona fa, sono così ricche di significati che, se venissero comprese e approfondite, molto oltre l'abitudine di considerare gli eventi in modo superficiale, **potrebbero evolvere la consapevolezza,** sia della persona che ha vissuto quelle esperienze, sia di chi, per mezzo dello studio etico, conquista il vantaggio di arrivare a conoscere il valore spirituale delle esperienze fatte da altri.

Ogni giornata, da quando ti alzi a quando ti vai a coricare, ti porta a sfiorare temi grandiosi: già le "semplici azioni" di respirare, guardare, muoversi, nutrirsi, sono sorgenti di potenti considerazioni che espandono la comprensione della vita.

Se poi si considerano le imprese più complesse, che hanno creato il progresso, **allora si scoprono significati ancora più esaltanti perché ci invitano all'azione:** per tale motivo, studiare le biografie dei personaggi che hanno aiutato nella costruzione della civiltà, porta a darsi degli obiettivi, e fa venire voglia di agire eticamente.

Ciascuno di noi, anche se non è famoso, possiede comunque una considerevole quantità di informazioni relative al vivere che altri potrebbero trovare utili, perché si possono trovare, in quelle informazioni, alcuni spunti validi per orientarsi.

Se ne sei consapevole, allora rivaluti, di parecchio, il valore della tua esperienza: potresti persino decidere di organizzarlo in modo sistematico, ad esempio scrivendo un libro che parla di quanto hai sperimentato da giovane, oppure che spiega quel che tu sai, nel settore in cui sei un professionista capace. **Sono molti i modi in cui puoi lasciare un'eredità al mondo, e ti consiglio di farlo, perché troverai ispirazione e conforto.**

Tu realizzi di più se ti conosci meglio: intendo "conoscerti" in quanto Essere Umano, non come intestatario degli oggetti che possiedi, e nemmeno come matricola registrata negli archivi.

> **Quel che percepisci del mondo è filtrato da quanto conosci del mondo**: e la tua opinione a proposito del mondo dipende dai tuoi successi ... Se hai successo, sai che sei capace di gestire le situazioni, e quando gli altri sono disperati, oppure euforici, tu ti costruisci, sempre, la tua opinione, e la verifichi, appunto perché sai che tu sei responsabile di quanto vivi, e, quindi, è OVVIO, non ti unisci alla massa allegra oppure disperata.

Se, invece, hai una personalità debole, e hai sempre bisogno di chiedere agli altri che cosa devi fare, allora hai, del mondo, l'opinione che hanno gli altri: se ti confronti con persone eccellenti, ricevi dati incoraggianti. Potrebbe accadere: se coltivi lo studio e prendi dal sapere quanto c'è di vitale, e se sei capace di inserirlo in un contesto etico, allora sei a posto.

> I santi e gli studiosi, nei loro eremi, contattano i Piani Superiori.

Molti, però, frequentano persone scarse, e imparano da loro: quindi assorbono pessimismo, pigrizia, inconcludenza, voglia di divertimento fisico e di fuga da ogni argomento difficile, e così si limitano. **La maggioranza, infatti, ignora che cosa può fare un Essere Umano consapevole del valore spirituale della mente.**

Una cosa è oggettiva persino per chi è incompetente: il tempo che passa; anche volendo dire che il tempo non esiste e che si tratta di una illusione, c'è l'innegabile certezza che il corpo fisico invecchia e muore dopo che è passata una certa quantità di tempo, diciamo attorno ai 90-110 anni, *per essere generosi*; molti muoiono prima, e purtroppo scoprono di non aver lasciato alcuna eredità etica, perché credevano di vivere un'illusione.

> **Quindi, impara subito chi sei, in quanto Essere Umano, e agisci.**

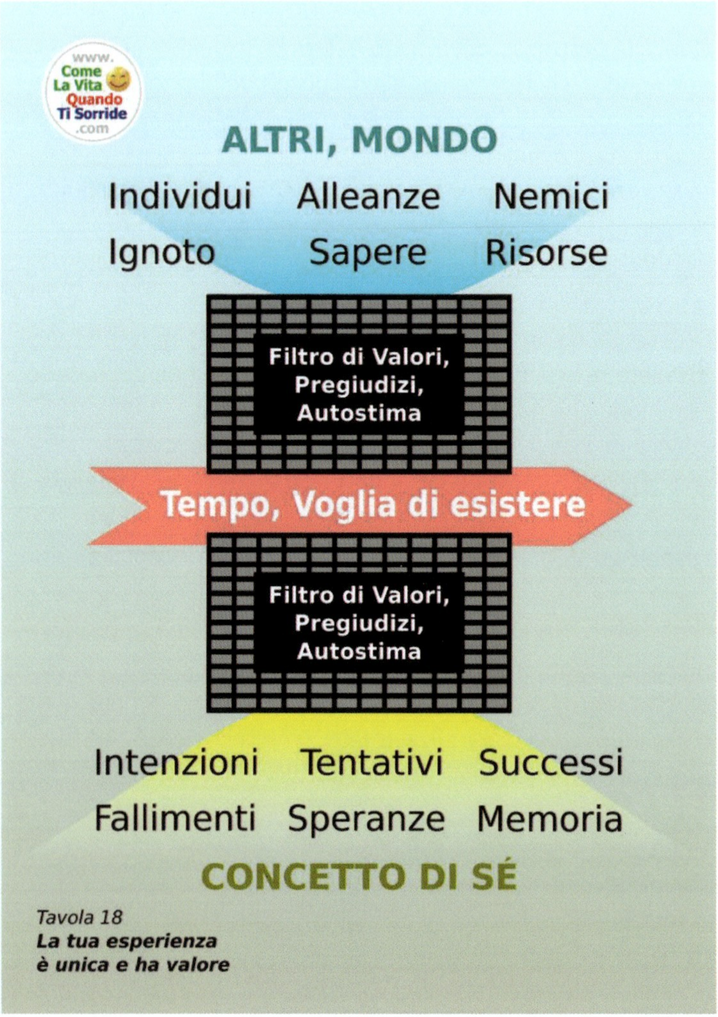
www.
Come
La Vita
Quando
Ti Sorride
.com
ALTRI, MONDO
Individui Alleanze Nemici
Ignoto Sapere Risorse
Filtro di Valori,
Pregiudizi,
Autostima
Tempo, Voglia di esistere
Filtro di Valori,
Pregiudizi,
Autostima
Intenzioni Tentativi Successi
Fallimenti Speranze Memoria
CONCETTO DI SÉ

Tavola 18
La tua esperienza è unica e ha valore

Osserviamo insieme la Tavola 18

Vivendo sulla Terra, alle prese con un corpo fisico modello Homo Sapiens, abbiamo la convincente impressione che "il <u>Tempo</u> vada avanti", e, insieme, procede anche la nostra <u>Voglia di esistere</u>, che ci pare puntare decisa al futuro.

In realtà, l'accordo che creiamo con gli elementi che percepiamo, e su cui basiamo il nostro concetto di realtà, si basa simultaneamente su tutte le risorse e le prospettive che consideriamo vere, cioè che funzionano, secondo quanto crediamo: infatti, l'idea di "futuro migliore" contiene, forte, il ricordo del passato, che, nel presente, vogliamo perfezionare creando una diversa disposizione delle risorse; la soddisfazione di vivere in un "futuro migliore" si assapora prima di viverlo, e un passato ricco di gioia ci accompagna anche quando pare essere scomparso. Si tratta, dunque, di convincenti impressioni.

Chiarito ciò, rimane pur vero che al di fuori dei pensieri, che amministriamo per quanto riguarda la nostra esperienza individuale, ci sono moltissimi stimoli che ci paiono provenire "dall'esterno": anche in questo caso, siamo noi che poniamo un <u>Filtro di Valori, Pregiudizi, Autostima</u> che altera il modo in cui percepiamo gli <u>Altri</u>, e il <u>Mondo</u>, e, infatti, consideriamo soltanto una parte della ricchezza che ci circonda, sotto forma di <u>Individui</u>, <u>Alleanze</u>, <u>Nemici</u>, <u>Ignoto</u>, <u>Sapere</u>, <u>Risorse</u>.

Usiamo un filtro anche per valutarci: il <u>Concetto di sé</u> che ognuno ha, filtra le <u>Intenzioni</u>, i <u>Tentativi</u>, i <u>Successi</u>, i <u>Fallimenti</u>, le <u>Speranze</u>, e la <u>Memoria</u>, il che condiziona il vivere sulla Terra.

La tua esperienza è unica, e ha valore: impara a comprendere che essa è a tua disposizione in base ai filtri che utilizzi, e, quindi, verifica se i tuoi filtri ti concedono di accedere alla vita.

28. Che cosa non riesci a capire, nella tua esistenza? Che cosa ostacola la tua realizzazione?

Se consideri lo sviluppo della tua vita, per come si manifesta giorno dopo giorno, potresti avere l'impressione che non sia esaltante, oppure che **certi momenti, per te intensi, di fatto non hanno lasciato il segno che avresti voluto**: a volte, hai l'impressione di non esprimere un vero significato? Ti sembra che gli altri non si accorgano di te, e che ti cerchino soltanto quando pretendono da te favori e soldi? Ti senti non amato?

Insomma, anche se quotidianamente ti impegni, **potrebbe succedere che tu abbia l'impressione di non venire ripagato quanto meriteresti**, almeno secondo te, in base alle tue aspettative e ai tuoi bisogni che conosci nella tua quotidianità.

Una simile impressione indebolisce la tua voglia di agire, perché temi di ricevere, ancora, indifferenza e frustrazione: risolvi questo aspetto, altrimenti arrivi a bloccarti del tutto.

Inoltre, potresti credere di aver subito delle ingiustizie: se lo pensi, allora **comincia a notare** se ci sono degli schemi ricorrenti, cioè **se ti capita di sperimentare più volte**, persino in situazioni diverse, **lo stesso tipo di situazione che ti danneggia**.

Se ciò accade, ecco un valido esercizio: descrivi quali sono le tue aspettative e che cosa invece ottieni. È un buon modo per iniziare a quantificare gli elementi che non comprendi ancora.

Se puoi misurare qualcosa, allora inizi a governare quella cosa, perché scopri che distanza c'è tra te e quella cosa: se lo sai, allora ottimizzi la distanza tra te e quella cosa, e quanto deriva da essa.

I problemi sono situazioni che non conosci: quando sai, risolvi.

29. Quali sono stati i cambiamenti principali, nella tua vita? Quali svolte hai compiuto?

La vita è in continuo movimento, e persino ciò che ci pare durare a lungo in effetti termina, e **il cambiamento avviene, a volte, in modo sotterraneo**: lo sai bene, tutto cambia.

In una sola giornata, puoi cambiare stato d'animo spesso, se non hai un sistema di valori solido che ti ispira in ogni istante: una notizia, sentita per caso, mette alla prova l'equilibrio interiore su cui basi la tua capacità di ragionare e di decidere.

La coscienza che hai di te, il valore che ti attribuisci, e, di conseguenza, quel che consideri giusto meritare, e le delusioni che derivano se non lo ottieni, **esistono in base a due elementi**:
— primo, quanto bene funziona la tua memoria; e,
— secondo, i limiti che ti imponi, o che hai ricevuto, forse senza saperlo, che stabiliscono chi credi di essere e di meritare.

Di conseguenza, ciò che tu consideri "essere te" è quel "nucleo di consapevolezza" che ti sembra rimanere stabile, al di sopra del flusso degli eventi in continua trasformazione. In realtà, col passare degli anni, cambi opinioni, ma ti pare di essere sempre te stesso, e **ti contraddici, pur di insistere nell'affermare che tu non cambi: in questo modo ti difendi, e provi sicurezza.**

Considera l'insieme di ciò che ti rimane delle tue percezioni passate, cioè la tua memoria, **e uniscilo a quanto sperimenti ora**: così capisci quale livello di consapevolezza hai raggiunto.

Puoi fare questo esercizio per valutare una situazione, e per decidere: ricorda, e ammetti, onestamente, quanto credevi un tempo, perché ti sembrava di avere ragione, e cosa pensi ora. **Tu decidi, in buona fede, unendo memoria e percezioni.**

30. Come ti senti, di fronte a qualcosa di più grande di te, che ti condiziona? Perché dici questo?

La tua capacità di comprendere, elaborare, e costruire, nella misura in cui ti consideri capace di riuscirci, non impedisce che tutto cambi, persino in direzioni che non ti piacciono. **Anche se desideri molto qualcosa, e anche se lotti per averla, non è detto che tu la ottenga**, come a te piacerebbe che accadesse.

Quando lo capisci, passi da un atteggiamento ingenuo, infantile, e capriccioso ad una condizione adulta, in cui armonizzi in modo etico, cioè vitale, le tue aspettative e le richieste sociali.

<u>Quando ragioni in modo adulto, consapevole, ed etico, usi le risorse per migliorare le situazioni, anche le più difficili.</u>

Soltanto gli inconsapevoli, gli approfittatori, i parassiti, si dedicano principalmente a quanto piace a loro, indifferenti al senso della vita che, invece, richiede, a tutti, collaborazione.

Per alcuni, intestardirsi nel divertimento a oltranza, è la migliore risposta che riescono a elaborare perché hanno ridotto la loro intelligenza, la loro sensibilità, e la loro forza: se tu, invece, raggiungi e difendi un livello di consapevolezza sufficientemente maturo e responsabile, allora elabori risposte più costruttive delle loro, a proposito dei continui cambiamenti, e ti riveli più utile.

> Quando succede qualcosa più grande e più forte del tuo raggio di azione, ti accorgi che non è un danno se lo consideri una buona occasione, per te, per diventare più abile e più efficace.

Se ti elevi, rispetto all'inferiorità del vivere grossolano, tra paure e piaceri, entri nella civiltà evoluta degli Esseri Umani:
<u>nonostante i limiti, scopri, e usa, vie etiche da percorrere.</u>

Abbiamo almeno tre privilegi: 1°) disponiamo di una mente, che sa usare il linguaggio; 2°) ereditiamo una civiltà ricca di risorse; 3°) possiamo evitare di accettare le opinioni degli incompetenti.

Rammenta questi privilegi, sempre: e nota che quanto più diventi abile, tanto meglio usi tali privilegi. *La sfida ti potenzia*.

Rimane un punto notevole da definire: le finalità delle tue azioni. Alla base deve esserci l'etica, che è la scelta di fare ciò che l'esperienza ha dimostrato essere più vitale, più utile per gli individui di valore, e più durevole: quindi ogni tuo pensiero, ogni tuo progetto, ogni tua espressione, ogni tua azione devono essere un'espressione di etica, per evolvere l'umanità.

Quando ti è chiaro il ruolo centrale dell'etica, allora puoi osservare, valutare, scegliere, e agire correttamente, cioè in armonia con quanto ti mantiene in vita: soltanto per mezzo dell'etica trovi il senso della vita e la finalità delle tue azioni.

Partendo da queste certezze, tutte verificabili, le sfide della vita che molto spesso tendono a schiacciare le persone comuni, sommergendole con una serie di gravi problemi, vengono alleggerite, e spesso risolte: addirittura, **chi è etico** e sa che deve diventare sempre più abile, **ribalta le situazioni contrarie e, sotto la sua guida lungimirante, i problemi diventano risorse.**

Devi capire questi dati, per fare funzionare la tua esistenza: c'è un metodo per fare ogni cosa in modo vitale, e l'etica esprime l'attitudine di voler far funzionare tutto quanto riguarda un Essere Umano, e l'ambiente di cui si considera responsabile. **Ogni cosa che percepisci, ti riguarda: indirizzala.**

Impara l'etica, e cambia le situazioni per renderle vitali: evitarle non è possibile, e non ha senso. Sapendolo, sii etico.

147

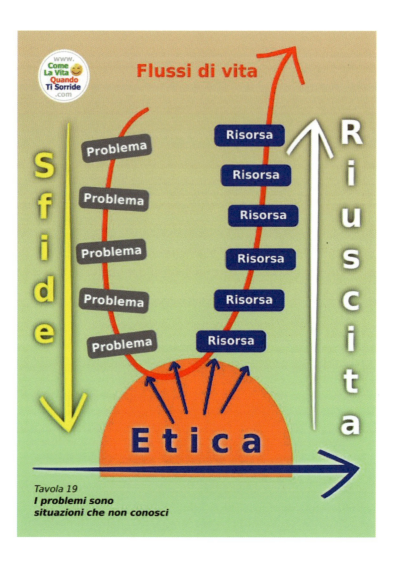

Osserviamo insieme la Tavola 19

I Flussi di vita permeano, attraversano, animano, questo Universo: accade ovunque, ovviamente anche nella porzione di spazio-tempo in cui, a livello della materia, abbiamo corpi fisici modello Homo Sapiens che consideriamo nostri "segnaposto".

Si tratta di flussi di consapevolezza, che, se entrano nella materia, "si percepiscono" limitati, e questo "procura l'impressione" di "doversi calare" in una serie di Sfide, colma di Problemi. Lo sai anche tu: quando sogni ad occhi aperti ti sembra di poter fare molte cose, e quando ti cali nella realtà noti subito una forte pressione, a te contraria, che contrasta le tue intenzioni.

Per liberarsi del carico di problemi che, inevitabilmente, s'incontrano nella materia, occorre attivare uno stile di vita basato sull'Etica, che è la scelta di riconoscere, onorare, favorire, difendere ciò che ci mantiene in vita.

L'etica invita ad organizzarsi per ristrutturare la porzione di spazio-tempo in cui si ha la convincente impressione di stare: l'organizzazione dev'essere vitale, cioè saggia, attenta alle conseguenze che genera perché coinvolge altri esseri.

Chi opera in modo etico si accorge che, per ogni problema, esiste almeno una Risorsa che sblocca la situazione, e apre una nuova via in cui possono passare i flussi di vita: chi se ne accorge, realizza la Riuscita che vuole ottenere.

Si può dire che i problemi che ti bloccano sono "ammassi di energia vitale" che non hai considerato a fondo, e che, dunque, sfuggono al tuo controllo: ti trovi in situazioni che non conosci, a causa della tua ignoranza soffri, e appena decidi di studiare cosa serve, per mezzo di un'attenta osservazione, te ne liberi.

31. Che cosa semini di buono, ogni giorno?
Quali frutti ti aspetti di raccogliere?

C'è una diretta conseguenza, tra pensiero, azione, e risultato: si parte dal pensiero, si organizza un'azione, si agisce per ottenere un risultato. Si tratta di un legame molto stretto, e diretto, che non si può sciogliere, e che si rafforza ogni volta che il medesimo pensiero porta al medesimo risultato, anche se si compiono azioni diverse: alla stessa meta arrivano strade differenti, che sono percorribili in modi, e tempi, differenti.

I risultati vengono ottenuti in modi diversi in base alle azioni che si compiono: quindi, **se non si realizzano le aspettative, conviene valutare le azioni e cambiarle, per organizzarsi meglio.**

La mente umana elabora le indicazioni che provengono dal pensiero e dai risultati, e decide, in modo logico, come operare. Tutto ciò è facilmente osservabile in ogni scenario.

Sapendolo, quando si pensa di ottenere un particolare risultato, occorre organizzarsi in modo coerente con le migliori intenzioni, e **si deve agire in base a quanto è richiesto dal risultato, considerando lo scenario in cui si opera.**

> Se ti è evidente tutto ciò, allora capisci che cosa scegli di seminare, come organizzi la coltivazione, e che cosa ottieni di conseguenza. In questo modo riduci gli errori che commetti.

L'equilibrio che vuoi raggiungere dipende dalla buona qualità dei tuoi pensieri, e dalla tua capacità di analizzare le azioni che usi, e i risultati che ottieni: metti in evidenza le relazioni che ci sono, tra questi elementi, cioè i pensieri, le azioni, e i risultati, e riconosci che **hai il potere di pensare, di scegliere le azioni, e di valutare i risultati, rielaborando il tutto in modo coerente.**

32. Ci sono errori del passato che ti tormentano? Che cosa stai facendo a riguardo?

Alcuni si distraggono, per vari motivi, e dimenticano che dal pensiero deriva il piano d'azione che consente di raggiungere l'obiettivo: si dedicano, con scarsa convinzione, all'esecuzione di quanto dicono di desiderare e che, di fatto, non ottengono, proprio a causa dei loro limiti, che sono espressioni di paure, pigrizia, e superficialità. Essendo approssimativi, falliscono.

In tal modo, l'intero processo — che parte dal pensiero, si esprime nell'azione, e si misura nel risultato — va in disequilibrio, e così si commettono errori: infatti, **un errore è l'indicatore che informa che qualcosa è stato trascurato nelle fasi di pensiero, organizzazione, esecuzione**.

Se ti accorgi che in passato hai proceduto in modo sbilanciato, e che a causa di ciò hai commesso errori che ti condizionano ancora oggi, hai bisogno di rintracciare, e di ammettere, i tuoi errori di valutazione, e, soprattutto, ti serve una strategia per correggere il tuo impreciso modo di procedere: innanzitutto **devi capire perché sbagli, quando valuti dati oggettivi, e quali sono i calcoli, necessari per la strategia, che ti confondono**.

Infatti, la mente lavora sempre in modo logico, ma se usa dati incoerenti e non verificati, elabora strategie che sono logiche nei passaggi che le compongono, ma che complessivamente non possono condurre al risultato desiderato: succede come quando sbagli a comporre un numero telefonico ... ogni tasto che premi attiva un numero, e la pressione è valida, e il tasto funziona, ma quella serie di numeri che premi in quella sequenza non compone il numero che vuoi chiamare.

> Quanto prima razionalizzi, tanto prima diventi abile, e ti realizzi.

33. Quanto intransigente sei nel giudicare gli altri? E nel giudicare te stesso?

Siccome il buon vivere va costruito in modo consapevole, sia a livello pubblico, sociale, sia a livello privato, individuale, pare ragionevole aspettarsi una condotta logica e sincera da parte di tutti: ma questo, ancora, non avviene, sia nel pubblico, sia nel privato, sebbene ciascuno possa amministrarsi con logica.

Di conseguenza, anche se si possono riconoscere le debolezze che rendono incapaci di comportarsi in modo vitale a lungo termine, di fatto ci indispettiamo, come minimo, o ci arrabbiamo, a volte, quando l'evidenza dimostra che abbiamo commesso degli errori che ci hanno creato problemi seri, e persino dolorosi: quando ce ne accorgiamo, esprimiamo risentimento, muoviamo accuse, facciamo sentire colpevole altri che consideriamo autori del danno creato da noi stessi. È un problema di orgoglio.

Il fatto di **sperimentare le conseguenze delle proprie azioni serve a capire i legami tra pensiero, azione, e risultato.** Questo è l'inizio della maturazione della consapevolezza: infatti, occorre valutare i dati senza emozionarsi, e senza alterare le finalità del giudizio, poiché si giudica per capire come effettuare delle prestazioni migliori, in futuro.

Un giudizio emotivo, non accompagnato da una precisa strategia che insegna come si crea il rimedio che serve, risulta inefficace, o addirittura dannoso, perché l'incapace che ha commesso l'errore non capisce cosa andava fatto, e, a causa di ciò, può rifiutarsi di porre rimedio al danno che ha creato.

Se quando giudichiamo diminuisce la logica, allora aumentano gli errori: la via d'uscita consiste in una piena comunicazione costruttiva, che mira a risolvere subito ogni incomprensione.

> **C'è una precisa relazione tra le azioni che fai e la qualità della tua vita**: NON esiste quel che a qualcuno sembra essere "il comodo, spensierato vivere in modo superficiale".

<u>Persino il viaggiatore spensierato che si considera libero, in realtà dipende dalla vita di chi non viaggia</u>: e se vuole comprare prodotti da chi non viaggia — cosa che il viaggiatore è obbligato a fare ogni giorno, senza concedersi una vacanza, perché il viaggiatore non produce quanto gli serve e persino per avere un posto dove dormire dipende dall'abilità e dalla civiltà di chi conduce una vita sedentaria — deve pagare, e quindi deve avere soldi, e se non ha soldi deve smettere di viaggiare e imparare a vivere da adulto, in modo etico.

Oltre a questo esempio, ce ne sono moltissimi altri, perché <u>chiunque è vincolato a tutti e a tutto: osserva</u>. **Chi lo capisce, si libera mentalmente, nel senso che mette al primo posto NON la fuga dal mondo, ma il confronto con il mondo**, <u>e sa che può esistere tanto quanto quel confronto è lungimirante</u>.

Uno può accumulare denaro in grande quantità e sentirsi libero: ma non può comprare la pace nel mondo, la stabilità dei mercati, e subisce le azioni di tutti, sia le proprie, che in parte sono vitali, sia quelle di chi è vitale, sia quelle di chi è incompetente: la somma di tutto determina la qualità della vita.

È un concetto che i saggi conoscono da tempo: hanno creato muri e confini per contenere il dilagare degli incompetenti eppure **siamo tutti uniti in quanto membri dell'umanità, e se non ci occupiamo di chi è incompetente e se lo lasciamo libero di agire, i danni che produce ci colpiscono**: <u>è evidente che c'è una precisa relazione tra le azioni che facciamo e la qualità della vita</u>.

> **Riconosci e onora ciò che ti mantiene in vita, e valuta ogni individuo e ogni risorsa, per creare, con essi, una civiltà etica.**

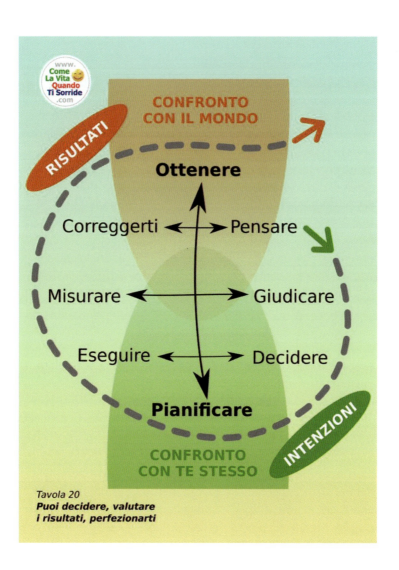

Osserviamo insieme la Tavola 20

Per esistere bene, non per accontentarti di sopravvivere, devi Pianificare: tu hai delle vaghe Intenzioni, ed è una sfida, per te, il Confronto con te stesso, inevitabile, perché, per Ottenere quello che consideri importante, devi misurarti nel Confronto con il mondo, dove si ottengono i Risultati misurabili, oggettivi.

Ogni fase che trasforma la pianificazione, nell'ottenimento dei risultati, è sottoposta a due tipi di pressione, di cui uno deriva da te, da quanto sei abile nell'amministrarti, mentre l'altro deriva dal mondo, dove operano altri esseri, che in parte condizionano i tuoi progetti, e che devi riuscire a gestire.

Per prima cosa devi Pensare, per riconoscere quali sono le tue priorità nella vita: anche se sei all'inizio del tuo progetto, devi, da subito, dedicarti ad esso con decisione, intensità, e voglia di riuscire, e se ti accorgi che certe tue abitudini non sono vitali, allora devi Correggerti, prima che il mondo ti blocchi del tutto.

Il passaggio successivo consiste nel Giudicare, da parte tua, se stai procedendo correttamente, perché dipende da te la corretta esecuzione del piano: lo scenario è pronto a Misurare ogni tuo passo, e ti contrasta, indifferente a quanto desideri tu.

Infine, devi Decidere che cosa fare, perché, l'impressione che tu abbia a disposizione soltanto pochi anni per riuscirci, corrisponde a quanto, effettivamente, ogni Essere Umano sperimenta: ti trovi nel pieno confronto con te, nella tua vera essenza.

A quel punto, per ottenere, devi impegnarti: entra con decisione nel confronto con la realtà, per Eseguire, misurare, correggerti tutte le volte che è richiesto. Soltanto così ottieni, per davvero, i risultati che ti hanno ispirato: dipende da come ti comporti.

34. Quali limiti stai accettando, in vista di un premio che speri di ricevere in futuro?

Se hai raggiunto uno stadio di maturità sufficiente per capire che il seme, per trasformarsi in pianta prima e frutto dopo, ha bisogno di stare al buio, fermo, e che gli servono cure, tempo, e ambiente adatti, allora puoi intuire, e verificare da te, l'evidenza che dimostra che, **per raggiungere i tuoi obiettivi, devi dedicarti ad essi con molto impegno, restando concentrato.**

<u>Se capisci il valore dei tuoi obiettivi, non ti pesa metterli al primo posto nelle tue priorità</u>: invece, se ti pesano, allora non sono obiettivi adatti a te, oppure non sei maturo quanto serve.

Quando la scelta di essere responsabile delle tue attività è piena, e rinnovata ogni giorno, provi soddisfazione già mentre sei nelle prime fasi di elaborazione, già prima di terminare quanto va fatto, già prima di ottenere il risultato desiderato: in quella condizione di concentrazione dedicata, che rivela un buon livello di etica già raggiunto, la stanchezza non ti pesa, e volentieri supervisioni, e correggi, quel che va perfezionato.

Con un simile atteggiamento, puoi andare incontro alla vita con la sufficiente pazienza che si combina con l'ambiziosa lungimiranza: in tal modo, la meta che hai deciso di assegnarti diventa, per te, più raggiungibile, grazie alla saggezza, e alla praticità, che hai compreso e trasformato in parte essenziale della struttura di valori a cui fai riferimento.

A quel punto, ti accorgi che **la concentrazione e l'azione coincidono**, proprio come nel seme che sta crescendo pur trovandosi in una condizione di apparente immobilità, in cui rimane escluso dal mondo: <u>se scegli, volontariamente, di accettare i limiti che ti portano a maturare, ottieni il risultato.</u>

156

35. Quanto sei soddisfatto del tuo attuale investimento delle tue energie? Perché dici questo?

Dopo aver scelto un obiettivo invitante, a volte succede che, realizzandolo, si scopre che la strada che porta ad esso è lunga e difficile, molto più di quanto si stimasse: può succedere anche se la stima era corretta, quando venne fatta, ma nel frattempo nuovi elementi hanno stravolto tutto.

Tale scoperta fa sentire sopraffatti, persino delusi, anche impauriti, perché lo scenario si rivela incerto e aggressivo: e soprattutto infastidisce il fatto di dover ammettere che occorre investire più energie di quanto si avesse previsto.

Sentirsi limitati, soprattutto a causa di interferenze altrui, o di eventi incontrollabili, è veramente penoso: alcuni individui perdono lo slancio e addirittura abbandonano i sogni, e soffrono, perché non si sentono capaci di creare delle valide, praticabili alternative, perlomeno nel breve termine.

In realtà, la pena che provi, quando gli ostacoli ti rallentano, dipende da come tu descrivi a te stesso tale rallentamento: se lo consideri come una verifica intermedia, sul percorso che ti porta al tuo obiettivo, cioè semplicemente una *preziosa* verifica che ti rende più capace di raggiungere l'obiettivo, allora cambia la tua descrizione dell'ostacolo che ti rallenta, e inizi a considerarlo parte della tua formazione, necessaria per elevare, e per raffinare, la tua consapevolezza, e la tua abilità.

Per misurare la quantità di investimento da te accettabile, considera che cosa significa per te l'obiettivo, e quale ritorno ti procura: ad esempio, un'impresa commerciale richiede una quantità di soldi, tempo, e moltissima energia personale che viene compensata dopo parecchi anni, ma, se rende, ha senso.

157

36. Quale visione ti ispira? Come sai che è una visione corretta? Come l'hai verificato?

I limiti che rallentano, e bloccano, il percorso verso l'obiettivo desiderato, a volte sono massicci, e paiono insormontabili, perché, per anni, catturano e consumano le energie della persona che si considera vincolata, e oppressa, da tali limiti. Sono limiti radicati perché sono stati tollerati anziché corretti.

A quel punto, mentre si elabora una strategia alternativa per raggiungere l'obiettivo, considerando, e correggendo, gli errori della precedente strategia usata sino a quel momento, **si trova pace, e si riprende il controllo della situazione, se ci si concede di contemplare la situazione da un punto di vista più elevato.**

Infatti, l'ispirazione spirituale, unita alla creatività generosa, benevola, e intraprendente, che punta ai risultati misurabili, conforta, e aiuta a ritrovare la capacità di rigenerarsi, che è tipica degli Esseri Umani. L'ispirazione è la ricompensa.

Naturalmente, **hai bisogno di dotarti di una visione sana, etica, cioè vitale, responsabile, e lungimirante**: devi sapere se la tua visione ha queste indispensabili, e irrinunciabili, caratteristiche.

Perciò, metti alla prova la tua visione, e verifica, nella realtà misurabile, quanto utili e sostanziali sono i risultati che riesci a produrre, in una prospettiva ad ampio raggio, che ti pone, e mantiene, in costante e proficuo scambio con il mondo.

Se incontri sempre molti ostacoli, analizza i motivi per cui tu consideri così importante quell'obiettivo: metti in discussione il tuo intero atteggiamento nei confronti della vita, perché, **forse, le tue aspettative sono maturate in un altro scenario, e ora vuoi realizzarle in uno scenario diverso e incompatibile.**

Devi ragionare a lunghissimo termine perché la vita sulla Terra, in forma fisica, si realizza nel lunghissimo termine, <u>e questo dato oggettivo indiscutibile è sperimentabile MILIARDI di volte</u>: ad esempio, il linguaggio che stiamo utilizzando, è nato migliaia di anni fa, e si è sviluppato, e funziona bene ancora oggi, grazie al lunghissimo periodo di tempo in cui si è evoluto.

Lo stesso principio vale per ogni oggetto che usi, e per ogni istituzione che determina la tua vita: <u>scuole, banche, ospedali, università, politica, religione, arte; e anche consumismo, malavita, metaverso, depravazioni, sono i risultati degli sviluppi avvenuti nell'arco di migliaia di anni</u>, intrecciando le esistenze di, si stima, qualcosa come 100 miliardi di individui che si sono succeduti sulla Terra nei più recenti 5.000 anni di Storia documentata ufficialmente. *Il presente è la sintesi del passato*.

Il futuro deriva dal passato, e il presente è il momento in cui si setaccia il passato per ricavare alcuni elementi etici con cui costruire il futuro, ovviamente utilizzando, anche, elementi nuovi, che sono coerenti con lo scenario che si sta costruendo. Chiaramente, occorre una mente che funziona bene, e bisogna essere intelligenti, sia per capire questo discorso, sia per realizzare uno sviluppo etico. *L'etica è la base della civiltà*.

Il concetto, su scale ovviamente diverse, vale tanto per l'umanità nel suo complesso, quanto per le multinazionali, i popoli, le nazioni, le imprese, i gruppi locali, e i singoli individui.

Rifletti su quale riconosci essere il punto di origine della tua esistenza, e dunque della tua consapevolezza; e determina, eticamente, qual è il punto d'arrivo delle tue azioni: <u>ti serve una visione spirituale completa e corretta, e devi saperla governare</u>, per essere sicuro che ti applichi a qualcosa che ha senso, nell'armonia generale che ti mantiene in vita.

159

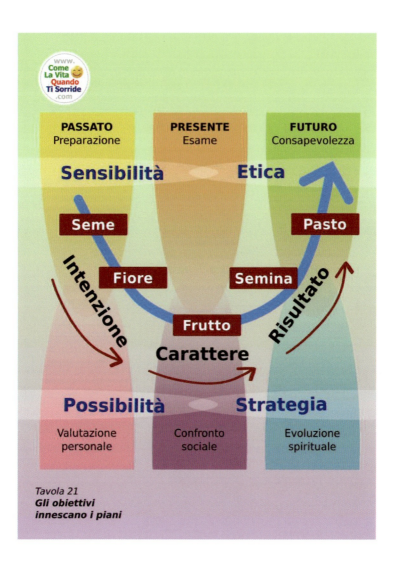

Tavola 21
Gli obiettivi innescano i piani

Osserviamo insieme la Tavola 21

Nella convincente impressione che si va dal <u>Passato</u> al <u>Futuro</u>, passando attraverso un concetto di <u>Presente</u> che corrisponde alla data del calendario, e all'ora indicata dall'orologio, le cose ci sembrano accadere: quello che a ciascuno pare essere il suo passato è una <u>Valutazione personale</u>, che contiene la sua <u>Intenzione</u> di esistere, e la sua <u>Preparazione</u> per riuscirci.

Il passato si può paragonare ad un <u>Seme</u>, che, piantato, genera una pianta, da cui nasce un <u>Fiore</u>: è una questione di <u>Sensibilità</u>, è tutto molto soggettivo, e instabile, a questo livello.

Una relativa stabilità è nel presente, che costituisce un <u>Esame</u>: lì, infatti, c'è il <u>Confronto sociale</u>, lì ciascuno deve dimostrare la qualità del proprio <u>Carattere</u>, e, se c'è un <u>Frutto</u>, appare lì.

Il confronto sociale, nel presente, obbliga a spostare l'attenzione dalla sensibilità, che è soggettiva, all'<u>Etica</u>, che riguarda tutti: le <u>Possibilità</u>, che l'individuo ha riconosciuto e coltivato, devono esprimersi in una <u>Strategia</u>, armoniosa, lungimirante, che punta al futuro, perché là si raccoglierà il <u>Risultato</u>.

Nel presente, il carattere è sotto <u>Esame</u>: sa investire il frutto? Piuttosto che divorarlo, conviene, innanzitutto, usarne i semi una nuova <u>Semina</u>, da cui si raccoglieranno molti più frutti. Chi lo capisce, accresce la propria <u>Consapevolezza</u>.

Comprendere questi passaggi, e la necessità degli investimenti etici, sociali, mirati, fa parte dell'<u>Evoluzione spirituale</u>: il vero, e migliore, risultato, il <u>Pasto</u> che costituisce il premio, e anche il motivo per cui si esiste, è il "nutrimento spirituale", che sintetizza la visione finalmente compresa. Perciò, stabilisci gli obiettivi in base al punto d'arrivo, e da ciò ricava piani validi.

37. Che cosa dovresti cambiare, nella tua vita, a questo punto?

Le situazioni che ci sono care, e che viviamo volentieri, e gli obiettivi a cui puntiamo, e soprattutto le persone che amiamo, vorremmo che non cambiassero mai: **ci piacerebbe che la nostra tranquilla routine fosse sempre la stessa, rassicurante nella sua prevedibilità**, e che il percorso che porta dove vogliamo arrivare continui ad esistere come quando abbiamo iniziato il viaggio di avvicinamento.

Eppure, anche se davvero lo desideriamo, non sempre succede: anzi, **vi è la certezza che tutto cambia**, alcuni elementi se ne vanno, altri arrivano, e il cambiamento accade, a prescindere dalla nostra volontà. **E questo, a volte, ci pesa.**

<u>Il cambiamento è il tema costante della vita, eppure noi desideriamo una condizione di stabilità costante: è lacerante.</u>

Tu puoi scegliere come vivere tutto ciò, e se soffri perché la vita cambia prima che tu l'abbia voluto, o compreso, allora **considera questa possibilità**: <u>tu puoi cambiare il tuo modo di considerare il fluire degli eventi</u>, e puoi cambiare le tue aspettative; inoltre, puoi cambiare le tue strategie, per rafforzare, sin dove puoi, ciò che funziona, nel tuo equilibrio, e per lasciare andare, anche se ti fa male, ciò che pare non poter più appartenere alle situazioni che da adesso vivrai.

Detto più semplicemente: <u>puoi diventare più abile</u> per gestire le sfide; <u>più saggio</u> per non entrare in conflitti inutili; <u>più paziente</u> per attendere la buona riuscita; <u>più audace</u> per osare oltre i limiti che hai sempre considerato invalicabili.

Anche rimanere coerenti, e potenziarsi, in abilità, saggezza, pazienza, audacia, **è un tipo di cambiamento, alla tua portata**.

38. Quali argomenti rendono meno traumatico il fatto che non puoi più rimandare il cambiamento?

Alcune volte, nella vita, i cambiamenti sono improvvisi: altre volte, più spesso, sono graduali. Un concepimento, ad esempio, è veloce e improvviso, nel suo apparire: e poi occorrono diversi decenni per sviluppare l'evoluzione graduale di quell'essere.

Oppure, considera una malattia: si può annunciare da un giorno all'altro, e condizionare, per anni, lo svolgimento dell'esistenza.

Se tieni in considerazione la mutevolezza delle cose, che molte volte opera in modo sotterraneo, e se presti attenzione ai segnali che annunciano un imminente cambiamento, allora **puoi prepararti per affrontare la trasformazione** che sta arrivando nella tua esistenza: **essenzialmente, hai bisogno di maturare un altro punto di vista, più saggio e più distaccato**, rispetto a ciò che perdi; e più costruttivo, determinato, ed efficace, rispetto a ciò che incontri. *Si tratta di rendere flessibile il ragionamento*.

<u>La costante, nel cambiamento, è la necessità di diventare capaci di elaborare le soluzioni che servono</u>, man mano che si trasformano le situazioni in cui transitiamo: una necessità che ci è estranea, ma che, maturando nella consapevolezza, adottiamo, e facciamo nostra, e che, nel tempo, diventa uno strumento vitale.

Conviene essere pronti a lasciare andare tutto ciò che è inutile, contrario alla vitalità etica, marginale rispetto al centro del flusso degli eventi portanti: <u>se ti rendi disponibile ad assecondare persino ciò che non sopporti</u>, senza perdere la tua identità e i tuoi valori, <u>ecco che scopri che puoi fluire senza rallentare o bloccarti</u>.

Quando metti da parte ciò che non può più realizzarsi, e accetti il nuovo, in cui esprimi la tua missione, vivifichi il cambiamento.

39. Che cosa sei pronto a lasciare andare? A che cosa ti conviene andare incontro, per rinascere?

Quando devi decidere che cosa lasciare andare, e non sai scegliere, puoi usare il "criterio della vitalità", che consiste nel valutare come, un preciso elemento, in mano tua, genera vitalità: ad esempio, un vestito che non indosserai più, e che non ti ispira alcun sentimento, puoi eliminarlo, dagli oggetti che conservi. **Tieni con te ciò che crea vita per mezzo di te.**

Una foto che ti rasserena quando la vedi, conservala: e il giorno che non ti dirà più nulla, lasciala andare.

La costante, nelle continue trasformazioni della tua esistenza, sei tu, Essere Umano, inteso come "unità di consapevolezza" capace di creare soluzioni vitali che sostengono la civiltà.

Siccome non puoi fermare, e nemmeno rallentare, il continuo cambiamento, ti conviene elaborare la capacità di confrontarti con ciò che se ne va, e con ciò che arriva, anche senza ... "il tuo permesso". **Se ti fai trovare pronto a cambiare, anticipi gli effetti deprimenti che il cambiamento potrebbe avere su di te.**

In questo modo diventi più saggio, più abile, e più forte, nell'affrontare gli anni che vivi sulla Terra: sarai più rapido nel riprenderti, quando il flusso degli eventi sembra sommergerti.

È un rinnovarsi continuo, un sostituire individui con individui, radici con radici, in una serie di rigenerazioni e distruzioni accomunate dal dover pervenire ad un perfezionamento.

Se consideri che cosa potresti far nascere, e prosperare, superando i precedenti livelli di etica e civiltà, allora riesci a sopportare la tristezza delle fini: **considera i nuovi inizi.**

Quando capisci che tutto è collegato a tutto, tra gli elementi che puoi sperimentare osservando la vita a livello fisico, sulla Terra, **ti rendi conto che c'è un flusso continuo di attività**: tutto scorre, e ogni equilibrio viene costantemente rigenerato, in base agli elementi che, in un preciso momento, tu percepisci aggregati. Magari per te le cose sembrano non cambiare: guardi il paesaggio dalla finestra di casa tua e ti sembra che sarà sempre così; eppure, in quello stesso istante, qualcuno potrebbe pensare di costruire un centro commerciale proprio lì, sul prato che ammiri; e qualcun altro potrebbe decidere di bombardare casa tua e il prato, perché ha questo capriccio.

Anche se tu non cambi, cambiano tutte le cose, e la tua consapevolezza è costretta a riformulare, di continuo, gli equilibri che percepisci, e l'uso delle risorse che hai: succede anche quando cammini, e ogni passo dev'essere analizzato con precisione totale, altrimenti cadi; succede anche con i soldi che hai, perché ogni acquisto altera la tua ricchezza e il tuo futuro. Succede con le scelte delle nazioni.

E stiamo parlando di quanto osservi a livello fisico: considera che **l'aspetto invisibile è molto, molto più vasto e intrecciato**.

Chi è abile, sa adattarsi velocemente, e anche se cade confida nella propria abilità, e si riprende. <u>Chi è saggio, sa che tutti abbiamo dei limiti, e accetta, e gestisce, i limiti del vivere.</u>

Chi è incompetente e capriccioso si oppone ai cambiamenti, il che è inutile e dannoso, perché porta a sprecare risorse.

Ti conviene riconoscere gli equilibri da cui dipendi, e sapere come renderli RELATIVAMENTE stabili, perché l'esperienza sulla Terra, in forma fisica, è a tempo determinato, anche se non sai quando finirà, e perché ci sono elementi che ignori.

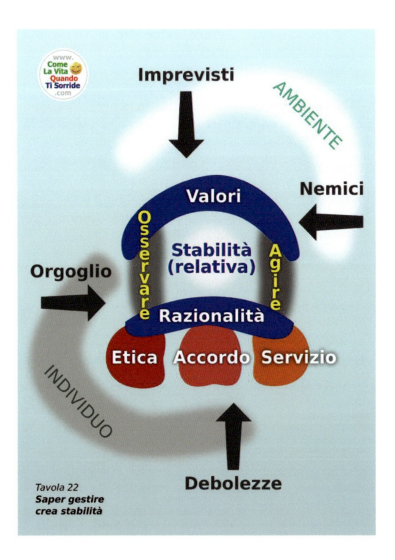

Tavola 22
Saper gestire crea stabilità

Osserviamo insieme la Tavola 22

Ognuno cerca sicurezze, per poter vivere in pace, ma l'Ambiente sfida tutti, e l'Individuo, se è impreparato, si danneggia da sé.

Per creare un nucleo di Stabilità (relativa), occorre innanzitutto adottare dei Valori, che orientano anche quando i Nemici, e gli Imprevisti, insidiano l'esistenza: è una scelta saggia, che si basa sulla Razionalità, fondamentale per creare soluzioni valide.

La razionalità è la base della stabilità, e i valori la difendono: occorre, però, essere sempre attenti allo scenario che cambia, e quindi bisogna Osservare ogni dettaglio, e Agire subito, quando serve una risposta che difende la stabilità desiderata.

L'individuo ha molte Debolezze, che supera se punta alla razionalità: infatti, una strategia intelligente comprende l'Etica, che è un atteggiamento vitale a favore di ciò che mantiene in vita; e comprende anche la cura dell'Accordo sociale, perché su di esso si basa la civiltà evoluta in cui ci piacerebbe vivere; infine, una strategia intelligente suggerisce di contribuire all'evoluzione sociale per mezzo del Servizio, cioè partecipando generosamente per creare un futuro più equo, e più consapevole.

Questi princìpi di buonsenso applicato al vivere quotidiano stentano ad affermarsi se l'individuo non ammette, e non accetta, che deve riconoscere ed eliminare il proprio Orgoglio, che, per soddisfare i vantaggi personali, ignora la visione etica.

Quindi, ottenere una condizione di stabilità relativa è possibile, a condizione che si impari a gestire ogni elemento indicato qui, simultaneamente sul piano sociale, e anche privatamente: senza dubbio è una sfida, necessaria perché non è ammesso illudersi di poter esistere dedicandosi soltanto a ciò che piace.

40. Di cosa dovrebbe tenere conto, un piano adatto a te, per portarti a centrare i tuoi obiettivi?

Quando pensi di cambiare la tua vita, magari radicalmente perché, in quel periodo, è intensa la tua insoddisfazione, **potrebbe venirti in mente di stravolgere tutto, oppure che ti servono grandi risorse, per riuscirci**: dico bene?

Molte persone si sentono molto lontane dalla condizione minima indispensabile per realizzare il cambiamento da loro desiderato: si considerano "troppo" a proposito di parecchi argomenti ... *"troppo povero, impreparato, stanco, anziano, solo"* ... e se lo ripetono, convinte di affermare cose vere.

In realtà, **simili considerazioni ti impediscono di agire, perché ti spaventi delle valutazioni che tu hai fatto**: hai portato la tua attenzione su cosa non funziona, e insisti per convincerti.

Con una simile mentalità distruttiva, non puoi progettare un sano investimento, un sano piano per rigenerare la tua vita.

Anche se ti sembra di dire cose vere, perché davvero tu ti senti "troppo sbilanciato", di fatto, sono soltanto tue fantasie tristi:

ti basi su stime preoccupanti, mai verificate, che non sono dati.

Quindi, il blocco che subisci, lo crei, lo racconti, e lo alimenti, tu.

E allora, per cambiare la tua vita, comincia come sei, da dove sei: **concepisci un piano per disporre diversamente gli elementi a tua disposizione adesso, nel tuo spazio e nel tuo tempo.**

Questo è un punto di partenza equilibrato, fertile, e, soprattutto, basato su dati oggettivi, che puoi elaborare: **metti, e mantieni, lucida serenità, quando vivi, anche nei momenti impegnativi.**

41. Chi, e che cosa, ti conviene lasciare andare, dopo averli ringraziati per quanto ti hanno insegnato?

Ristrutturare la propria vita può portare a scoprire che certi elementi non sono più utili, per te, ora, dato il livello a cui sei arrivato: perciò, puoi toglierli dal tuo percorso, per introdurre nuovi elementi, più adatti a come tu sei ora.

Come quando riordini un armadio, e trovi abiti che non usi più e di cui puoi fare a meno, così quando fai un bilancio della tua esistenza, per rinnovarla, scopri che certi tuoi comportamenti, basati su precedenti considerazioni, non sono più vitali per le situazioni che intendi vivere adesso, e in futuro.

Serenamente, **prendi atto del cambiamento che è già iniziato, nel tuo modo di ragionare**, e <u>introduci, con intenzione e anche con gentilezza, le trasformazioni che ti servono</u>.

Fin qui, a livello teorico, è facile seguire il discorso: ma quando devi realmente cambiare il tuo comportamento, **ti blocchi, a causa di emozioni, pigrizia, e paura**. Che cosa puoi fare?

<u>Conserva un pensiero di gratitudine per le persone, le scelte, e quanto hai vissuto</u>, anche se ora non fanno più parte del tuo cammino: <u>all'epoca furono importanti</u>, ora molto è cambiato.

In altri spazi, in altri tempi, per come tu eri allora, quegli elementi furono significativi, e ti hanno portato a diventare come tu sei adesso: quindi, <u>all'epoca, avevano del valore</u>. Lo sai, ne prendi atto, e porti, e mantieni, e sviluppi, la tua attenzione sul tempo presente: <u>il meglio del tuo passato diventa un tesoro, che, nella sintesi costruttiva che tu ora fai, rappresenta una fonte di ispirazione etica</u> da cui puoi imparare, per creare, ora, un futuro che ti pare più umano, e più vitale.

42. Chi vuoi diventare? Come puoi investire ciò che sei, che fai, e che hai? Quale futuro prepari?

Per vivere le situazioni che ora credi invitanti, devi diventare la persona che merita, e che è capace, di vivere quelle situazioni.

Proprio come quando ti compri una bicicletta ... **Tu devi mettere l'equilibrio, la forza, e la meta,** per dare un senso a quella bicicletta, che tu hai voluto avere nella tua esistenza.

Parti sempre da te in rapporto allo scenario, perché tu vivrai le conseguenze del cambiamento che realizzi nello scenario.

Infatti, **se immagini di essere più capace di quanto sei,** se ti consideri già arrivato alla meta senza aver fatto un piano scritto, **allora distorci la tua percezione della realtà,** e ti abitui a trascurare i dati che esistono: **all'inizio ti sembra di caricarti di slancio, ma presto scopri che ti perdi nell'approssimazione.**

L'autostima eccessiva ti destabilizza nello scenario che ti rifiuti di osservare: quanto più fantastichi testardamente, tanto più affondi, proprio a causa dell'irrazionalità ingenua che alimenti.

Se non sai chi sei, se non ammetti il tuo punto di partenza, allora non puoi decidere una direzione, e, probabilmente, ti abitui trascurare le tue responsabilità: **in pratica, non hai una meta, o, se ti illudi di averla, è approssimativa, frutto del tuo capriccio, e, quindi, non puoi raggiungerla,** appunto perché non conosci lo scenario e qual è l'esatto punto di arrivo.

Chiarisci quanto vali veramente: quantifica, tempifica, decidi cosa fare in rapporto a quanto serve. Dimostra intelligenza, impara, verifica i dati: se *davvero* hai l'ambizione di migliorarti, il che rivela bontà in te, allora crea continuità e sinergie etiche.

Per esistere, devi creare un equilibrio etico tra i diversi elementi che costituiscono la percezione che hai di te, nello scenario di cui ti consideri responsabile: devi capire chi sei; in quante manifestazioni appari; in quali memorie e in quali obiettivi sei presente anche se non l'hai scelto; e che cosa mantiene in vita in ciascuna manifestazione: ad esempio, ti manifesti come corpo fisico, e il corpo è composto di varie manifestazioni, che chiami "testa", "stomaco", "piedi", e così via, e ciascuna di esse ha bisogno di un trattamento adeguato, perché così impongono la Natura, la politica, le mode, le tue considerazioni.

Lo stesso vale per gli oggetti che ti permettono di usare il corpo fisico: vestiti, casa, veicoli, strumenti; ciascuno richiede una sua precisa serie di azioni per continuare ad esistere.

Quando pianifichi, devi considerare il punto d'arrivo, le risorse a disposizione nel punto di partenza, i consumi e i rifornimenti, il tempo a disposizione, e ogni flusso che ti coinvolge.

> **Devi essere sia pratico, sia creativo: determinato e anche flessibile**. *Per vivere occorre una strategia spirituale geniale*.

Inoltre devi sapere coinvolgere, motivare, calmare, assistere coloro che dipendono da te: *ricorda che servi il futuro*.

Chi riesce a gestire gli elementi del vivere crea uno stile di vita sano, nonostante le interferenze, i tradimenti, e quanto non era stato previsto, per suo errore o per impossibilità di saperlo.

> **Chiaramente, un ottimo piano per vivere non rende immortali, ma consente di provare soddisfazione legittima perché, vivendo in base ad un piano etico, si innalza la qualità della vita** dell'ambiente in cui si opera, di cui ci si considera responsabili, <u>il che mette in una prospettiva lungimirante la tua esistenza.</u>

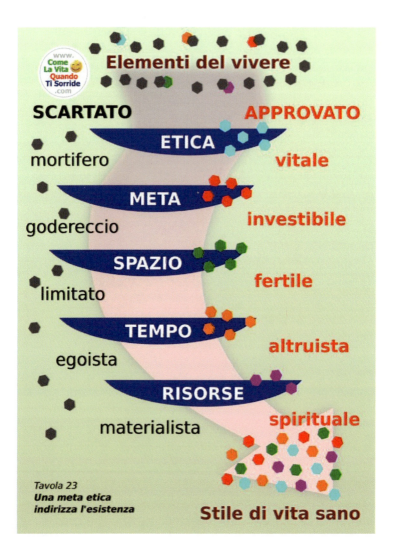

Osserviamo insieme la Tavola 23

In teoria, vista l'abbondanza di risorse, e di opinioni, pare che si possa vivere come piace: in realtà, viviamo in uno scenario strutturato, finalizzato, dove persino ogni atomo rispetta le Leggi di questo Universo, che la nostra attuale scienza spiega in minima parte per mezzo di fisica, chimica, e biologia.

Perciò, lo scenario strutturato richiede uno <u>Stile di vita sano</u>, coerente con lo scenario, come la Tradizione insegna da almeno 5.000 anni di Storia documentata a questa parte, appunto per indicare come indirizzare gli <u>Elementi del vivere</u>, che comprendono tutto quanto riguarda la civiltà umana.

Per passare dal caos approssimativo e soggettivo — in cui si lotta per la sopravvivenza e ci si giustifica preferendo ciò che piace al momento, per poi cambiare idea e contraddirsi — allo stile di vita richiesto per esistere in questo scenario, occorre giudicare, per sapere, con precisione netta, che cosa va <u>Scartato</u>, e che cosa, invece, merita di essere <u>Approvato</u>.

Analizza nel lungo termine ogni elemento del vivere, in base a quanto valore offre per la realizzazione di una civiltà etica, spiritualmente consapevole, e attiva: senza esitazione, elimina dalla tua esistenza ogni elemento che è caratterizzato da qualcosa che potresti definire <u>Mortifero</u>, <u>Godereccio</u>, <u>Limitato</u>, <u>Egoista</u>, <u>Materialista</u>; e, senza esitazione, includi nella tua esistenza ogni elemento che è caratterizzato da qualcosa che potresti definire <u>Vitale</u>, <u>Investibile</u>, <u>Fertile</u>, <u>Altruista</u>, <u>Spirituale</u>.

In questo modo crei le basi per uno stile di vita sano, e filtri, e blocchi, immediatamente, ogni interferenza malvagia che tenta di riportarti nel relativismo materialista, per catturare, e per mantenere prigioniera, l'essenza spirituale che tu sei.

Parte 3 di 3

Ricominciare su basi nuove: le domande di "Come La Vita Quando Ti Sorride"

La terza, e ultima, parte di questo libro, è la più ambiziosa: vuole fornirti un aiuto pratico e concreto per innalzare la tua consapevolezza, a proposito di come stai, di qual è la tua attuale qualità della vita, e di quali orizzonti puoi raggiungere, per sentirti più soddisfatto, e dimostrare il tuo valore etico.

Qui, secondo le mie intenzioni, troverai indicazioni precise, pronte da applicare, che potresti introdurre nel tuo modo di gestire la routine: sono spunti, e consigli generali, su cui ti invito a riflettere, a fondo, per iniziare a conoscerti meglio. Se cerchi un aiuto personale mirato, usa i miei consulti e corsi.

L'idea di fondo, di cui sono convinto, è che tu hai un potenziale enorme, che non stai utilizzando: non lo utilizzi perché hai ricevuto informazioni incomplete su di te, e sulle regole sociali.

> Ti hanno insegnato a obbedire, e hai imparato a farlo: questo va bene, perché l'ordine sociale è il punto di partenza di ogni civiltà; ora impara a partecipare alla creazione, realizzando condizioni più vitali, in cui, pur nel massimo rispetto degli altri, esprimi l'originalità costruttiva che consideri tipicamente tua.

Anche qui troverai domande che mirano a stimolare le tue riflessioni, e che ti invitano a voler essere più abile, per poter agire: le risposte sincere che dài sono un punto di partenza per progettare il nuovo corso della tua esistenza, in cui potresti scoprirti coerente, felice, utile al mondo, e ricco di valore.

43. Che cosa ti riesce bene? Che cosa fai volentieri? Quali attività ti fanno sentire felice?

Anche se a volte ti pare di soffocare "incastrato" dentro una routine che non ti piace, ci sono delle attività che preferisci fare, che sai fare bene, e per cui ricevi già dei complimenti.

Magari, al momento, quelle attività sono marginali, nella tua vita: sono semplici hobby, o persino meno, qualcosa che soltanto le persone che ti conoscono molto bene sanno che pratichi.

Se la maggior parte del tempo svolgi una vita lontana dalle tue passioni, **ti invito a considerare la possibilità di incentrare la tua esistenza, e il tuo sostentamento su ciò che ami fare**: perché no? MA ATTENZIONE: C'È UNA REGOLA IMPORTANTE.

La prima regola, da rispettare sempre, è l'etica, che ti invita a fare soltanto ciò che è vitale per l'umanità che tu rappresenti.

Quindi, qualsiasi cosa tu ami fare, trasformarla in un punto di forza per l'evoluzione dell'umanità: **mettiti al Servizio del mondo.**

Smetti di fare soltanto quello che ti piace, e di abbandonare ogni volta che la cosa non ti piace più: è infantile, è stupido.

Osserva cosa serve al mondo, per offrire, al mondo, vero valore etico attraverso le abilità che hai, coltivi, ed esprimi volentieri.

E anche se svolgi già, bene e volentieri, delle attività etiche, passa al livello superiore, da vero, affidabile professionista.

Quale può essere il tuo prossimo consistente passo in avanti, che ti porta ad un più alto livello di valore offerto? Attivalo ora.

44. Come sarebbe la tua routine ideale, se tu ti dedicassi soltanto a ciò che ami e sai fare bene?

Certe volte ci facciamo bloccare più dalle nostre paure, che da motivi veri: infatti, il mondo è pieno di opportunità, se noti tutte le situazioni in disequilibrio, che richiedono soluzioni *adesso*.

Il dolore che provi, e che non risolvi, si accumula, e arrivi al punto in cui, nella tua mente, ci sono più ricordi tristi che pensieri costruttivi. Eppure, vivi in uno scenario ricchissimo.

Il dolore fa parte delle esperienze, e va usato come stimolo per risolvere le cause che lo generano, nella tua percezione: quando ti accorgi che qualcosa non va, allora il messaggio è arrivato a te, e, di fatto, tu diventi responsabile della soluzione.

Le difficoltà, anche quelle banali e fastidiose, che sperimenti ogni giorno, servono, perché ti invitano a salire di livello etico: **dentro il dolore c'è l'invito a migliorare la situazione.**

Considera la tua vita, che hai sviluppato sino a questo punto: immagina che sia un frutto, ricoperto da una buccia che scarti. Chiaramente preferisci la polpa del frutto, e volentieri elimini la buccia, che, però, è servita per far maturare la polpa.

> Nella tua vita, qual è la "polpa" da assaporare? Qual è la "buccia" che non ti piace, e che è servita per farti arrivare alla "polpa"?

"La polpa saporita della vita" è quella parte che volentieri ricordi, quella che ti riesce bene, a cui ti dedichi senza contare le ore che passano e le energie che richiede. Ora considera questo: **come sarebbe la tua vita se fosse incentrata su ciò che ami e che ti riesce bene?** Quale sarebbe la tua routine, in quella situazione per te ideale? Cosa offriresti al mondo?

45. Quale serie di passaggi ti consentirebbe di evolvere da come vivi ora e di raggiungere la tua condizione ideale?

Probabilmente, se non ti piace il tuo attuale modo di vivere, hai già pensato di cambiare qualcosa: e se ancora non l'hai fatto, concretamente, e completamente, forse hai degli impegni da rispettare che, se tu cambiassi routine adesso, non riusciresti, o non vorresti, portare a termine.

Più spesso, piuttosto che di veri impegni, e di premure verso persone che dici essere importanti per te, ciò che ti blocca, e che non riesci a lasciare andare, sono le dipendenze che hai: **cibi dannosi alla digestione, alcolici, fumo, droghe, rabbia, pessimismo, luoghi e persone prive di vitalità da cui dipendi.**

Se è così, hai scoperto qualcosa di importante: quei vincoli sono l'evidenza di tue scelte non coerenti, e prive di vitalità.

> Il punto da risolvere, innanzitutto, è **capire perché hai fatto scelte incoerenti**: infatti, se entri nel futuro ignorando le tue gravi contraddizioni, allora, anche in futuro, sarai limitato, come oggi.

È importante che tu capisca dove nascono le contraddizioni che ti indeboliscono: vanno risolte al più presto.

Per riuscirci, **osserva lo scenario, definisci dove intendi inserirti per offrire al mondo la tua presenza di valore**, e comincia a studiare una serie di passaggi graduali che ti portano da come sei adesso a come vuoi diventare, per *meritare* di arrivare lì.

Le occasioni per migliorarti esistono, a condizione che diventi una persona affidabile, preparata, coerente anche nel privato: con una simile impostazione mentale, "ripulisci" il tuo stile di vita e lo mantieni equilibrato, sano, *adatto al mondo etico*.

Osserviamo insieme la Tavola 24

La Coerenza è il criterio che filtra, e mette in risalto, ciò che mantiene in vita: perciò, per esistere, ti conviene trovare, e difendere, la coerenza che ti mette in armonia con ogni situazione che vivi nel corso della tua esistenza, ad ogni livello.

Al Livello istinti, fisici, la coerenza è non richiesta dalla Natura, perché lì i deboli vengono eliminati, al momento, in modo sommario, perché la meta etica è difendere la Natura, non i singoli esseri: è il regno della Sopravvivenza, dove abbonda l'Impreparazione, si apprezza soltanto la Sensazione, e si opera in base all'istinto, per soddisfare i bisogni dell'Immediatezza.

Al Livello società, la coerenza è consigliata, perché per creare degli accordi che si possono utilizzare con fiducia occorre essere coerenti, e attivare delle Scelte che a volte diventano Alleanze affidabili, perché al posto delle sensazioni si mettono i Sentimenti più elevati, che alimentano Intenzioni più civili.

Al Livello spirituale, la coerenza è indispensabile, e siccome dal Piano spirituale deriva il buon funzionamento del Piano mentale e, di conseguenza, del Piano fisico, allora è evidente che la coerenza è dominante, e indispensabile per esistere.

Infatti, la coerenza è una caratteristica principale della spiritualità di cui è costituito questo Universo, dove persino ogni atomo è inserito nel Grande Disegno, che funziona in modo finalizzato.

Perciò, riconosci e attiva nella tua esistenza il più intenso, ed elevato, livello di coerenza che riesci a raggiungere, perché soltanto in questo modo puoi creare Futuro, per te e per la società: la coerenza è alla base della Creazione, e tutti i Progetti, e le Direzioni, anche se nuovi, devono essere coerenti.

46. Stai preparando un piano tempificato, per migrare verso la tua condizione ideale?

L'idea di vivere per davvero, nella condizione ideale che si immagina, è uno stimolo vigoroso, che attrae: *ma non basta*. Per raggiungere qualsiasi obiettivo serve un piano definito.

Costruire un nuovo equilibrio non è facile, e quando s'inizia si è impreparati, appunto perché si proviene dal disagio.

Se bastasse un forte desiderio di miglioramento, allora ci si migliorerebbe in un attimo, il che non è vero, come dimostrano i dati: infatti, nella realtà ci si confronta con volontà diverse.

Perciò, preserva e nutri l'ispirazione che ti spinge a rinnovarti, sapendo che va tradotta in un piano scritto tempificato, con un obiettivo da realizzare: *un solo obiettivo per volta*, che ti porta a realizzare, progressivamente, la tua intera nuova condizione.

Hai bisogno di creare un equilibrio diverso, completo, preciso in ogni dettaglio, e quindi **ti conviene procedere completando un solo obiettivo per volta**, anche se sono diverse le cose che vuoi sistemare, soprattutto se, per anni, hai accumulato errori.

Ci vuole tempo, per risolvere le contraddizioni, perché di solito sopportavi, e non supponevi di poter cambiare le cose in modo organico, perché tolleravi i compromessi: ora impara, paziente.

Il piano, preciso e tempificato, ti aiuta a rimanere focalizzato durante la lunga fase di ricostruzione, sapendo, sin dall'inizio, che le basi da cui parte sono sane, solide, e capaci di durare.

Dunque, riconosci che il piano scritto è indispensabile per governare bene la tua esistenza, mantenendola in equilibrio.

47. Come ti sei organizzato per affrontare le emergenze serie del vivere?

A volte la vita ci pone di fronte a cambiamenti improvvisi, che fanno emergere di colpo quanto va sistemato: **sapendolo, se ti prepari per tempo, l'impatto risulta meno devastante**.

Ecco perché <u>conviene coltivare una visione costruttiva nel lungo termine, in previsione dei cambiamenti</u> che, di sicuro, ci saranno: vale lo stesso ragionamento che ti dimostra quanto sia conveniente assicurarsi *prima* che il danno si manifesti.

Quando attraversi un periodo di crisi, soprattutto se non hai deciso tu di avviarlo, ti trovi a dover dare delle risposte che sono molto diverse dal tuo abituale modo di rispondere alle sfide della vita: e **devi rispondere subito, bene, velocemente**.

Ma persino nelle crisi più drammatiche c'è una costante, che ti può salvare, e <u>quella costante sei tu</u>, con la tua preparazione ad affrontare la vita: <u>è "il nucleo di consapevolezza, capacità di capire, decidere, agire, alla luce dei valori che ti ispirano"</u>.

Nell'equilibrio su cui hai costruito la tua vita c'è la stabilità che ti salva durante le crisi: e il piano scritto, se lo avevi preparato come si deve, ti ricorda l'alto valore che tu doni al mondo.

Ecco perché **l'organizzazione della tua vita è indispensabile: prima della crisi**, serve per orientarti, e per ispirarti una visione confortante a lungo termine; **e, durante la crisi**, serve per ricordarti chi sei, e perché il mondo ha bisogno di te.

<u>Un solido sistema di valori, che genera un piano scritto preciso</u>, ti permette di non considerarti travolto dal flusso degli eventi quando procede diversamente da come tu sei abituato.

181

48. Che cosa merita di essere difeso? In quali altri modi puoi investire le tue risorse per proteggere il nucleo sano ed etico?

Un cambiamento dello stile di vita, e una crisi sostanziale, non corrispondono, per forza, ad una distruzione completa del precedente modo di procedere: <u>annunciano un rinnovamento, che, se lo piloti, si può rivelare costruttivo</u>.

Il tuo vero nucleo non si guasta, quando la situazione peggiora.

Ci sono valori, abilità, ricordi costruttivi, esperienze "riciclabili" che meritano di essere conservate, ovviamente inserendole dentro una struttura di riferimento sostanzialmente diversa.

<u>Scopri, in ciò che proviene dal tuo passato, che cosa ha del potenziale vitale</u>, che potrebbe valere, e donare frutti, nel futuro che stai progettando *in rapporto allo scenario*.

<u>Elimina quanto, nel tuo passato, ha portato a generare conseguenze poco vitali</u>, per evitare che gli errori si ripetano.

Quando ti rinnovi, di fatto progetti una nuova nascita, con il privilegio di poterla pilotare in modo consapevole: la ripresa che viene dopo una crisi risulta possibile, e si rivela persino utile, perché crea una continuità, tra il recupero del meglio di te, e la creazione di una nuova via, che ti porta a una versione di te ancora più vitale, rispetto a come hai vissuto sino ad oggi.

<u>Rinnova i modi in cui investi le tue risorse</u>: elencali, nota quali orizzonti ti suggeriscono, e scopri come combinarli in armonia, per illuminare, e per rinforzare, il tuo stile di vita rinforzato.

Considera un fatto: **dopo la crisi**, che ha tolto molto di quanto avevi, **disponi di più spazio, in cui puoi inserire ulteriore valore**.

Essere sulla Terra — con la continua percezione del corpo fisico modello Homo Sapiens, bisognoso di costanti cure in un ambiente ostile, mentre è evidente che il tempo passa perché, anche se non vogliamo ammetterlo, il corpo invecchia e, ad un certo momento muore, il che indica che il tempo esiste e finisce — **è, nel suo complesso, un'esperienza difficile, perché obbliga ad essere intelligenti, concentrati, e motivati.**

<u>Esistere per decenni, sulla Terra, sottoposti a simili condizioni, sviluppa la determinazione, la perspicacia, e la saggezza.</u>
Oppure rivela l'incapacità di esistere. Non ci sono alternative.

Anche se capisci che tutto passa, questo non significa che passi in un attimo; e anche se ti accontenti, questo non ti permette di non avere una meta nella vita; e anche se ti senti relativamente al sicuro, questo non impedisce agli incompetenti di rovinare la tua condizione sicura; e infine, il confronto con la morte, che spegne la tua percezione del corpo fisico, ti mette di fronte ad una serie di cambiamenti coinvolgenti, continui, e pesanti.

Nel corso della vita, supponendo una durata media di diverse decine di anni, hai CENTINAIA di occasioni per fare una vera, coerente, profonda analisi del tuo modo di gestirti: <u>in più, disponi di risorse che agevolano la tua formazione.</u> *Quindi, non puoi tentare di giustificare la tua impreparazione*: che ti piaccia oppure no, vivendo sulla Terra evolvi, e ti confronti per forza anche con situazioni che tu eviteresti, ma che si impongono a te comunque. <u>E per ogni tipo di situazione disponi di insegnamenti utilissimi.</u>

Ti conviene capire interamente la condizione umana: valuta ogni elemento, riconosci le risorse, e ammetti che la prova del vivere riguarda te; <u>perciò, domina l'emotività, l'orgoglio, le fantasie, e definisci la precisa strategia etica con cui vuoi giocarti la tua esistenza sulla Terra, tra gli elementi che ti sfidano sempre.</u>

Osserviamo insieme la Tavola 25

L'Evoluzione è soltanto spirituale, ed è soltanto consapevole: questo principio vale per gli individui, i gruppi, la società.

L'insoddisfazione che proviamo suggerisce l'idea che si possa vivere meglio: così si forma il nucleo del pensiero di un risultato che supera, in qualità ed efficienza, il livello sinora raggiunto.

Per andare Dall'idea al risultato si parte, e si opera, a Livello spirituale: il primo elemento è l'Immaginazione, etica, la quale concepisce la Struttura generale, teorica, che serve per ispirare.

Seguono il Piano scritto e la Tempificazione, per calare l'idea nella realtà: queste due fasi si sviluppano a Livello mentale.

Si scende, poi, e si opera, nel Livello fisico, dove ci sono l'Esecuzione di quanto fissato nel piano scritto, ed il Confronto col mondo, perché dobbiamo dimostrare che siamo capaci sia di immaginare, sia di ottenere: e a livello fisico dobbiamo, anche, essere sinceri, quando conduciamo l'Analisi dei risultati per verificare se concretamente abbiamo centrato l'obiettivo.

Il lavoro non è ancora finito: infatti, a livello fisico si raccolgono i dati relativi ai risultati, dati che vengono passati al livello mentale perché l'esperienza fisica deve essere tradotta in una serie di Miglioramenti, cioè di pensieri, da elaborare nella mente.

Ovviamente, le nuove analisi compiute a livello mentale devono sottostare alle priorità etiche: e, di conseguenza, un ulteriore impiego dell'Immaginazione ci riporta al livello spirituale.
Per creare un futuro vivibile devi fare scelte spirituali ed etiche: infatti, la realtà materiale, su cui si basa l'accordo sociale persino quando esso è materialista, deriva comunque dallo spirito.

49. Quale visione ti ispira? In quale grandioso scenario vorresti vivere? Facendo cosa? Con chi?

Valuta bene, a fondo, il tuo modo di procedere attraverso la vita: non considerarti "spedito" lungo un binario, soltanto perché succede a molti... Puoi, e devi, scegliere la tua meta, in base ai valori etici, necessari per esistere, e che volentieri servi.

Hai intelligenza, sensibilità, libero arbitrio, e capacità di agire: grazie a queste caratteristiche, quando osservi, lo scenario, in generale, e le tue esperienze, che conduci personalmente, ti accorgi che **esiste "un significato maggiore", rispetto al semplice lottare ogni giorno per sopravvivere a livello fisico.**

Concediti di riflettere a lungo su questi argomenti, e di trarre ispirazione da essi, quando progetti lo stile di vita ideale per te: qual è la tua concezione del mondo? **Quali percentuali assegni allo spirito, alla mente, e alla materia? Come l'hai verificato?**

Sono domande impegnative, da cui, anche se non rispondi, e anche se non lo sai, derivano le risposte su cui ti basi ogni singolo giorno: **come sarebbe la tua routine, se tu mantenessi aperta la tua connessione con una visione spirituale superiore?**

Puoi migliorare la tua condizione, e trasferirti in uno scenario più vitale: ti è concesso di coltivare grandi visioni. *Le coltivi?* **Con chi vivresti? Come sarebbero i tuoi rapporti interpersonali?**

La civiltà umana ha accumulato enormi patrimoni, in termini di risorse spirituali, e scoperte scientifiche, e tu puoi raggiungere tutto ciò, e investirlo eticamente: quanta leggerezza, e quanta profondità, potresti avere, in questo scenario magnifico? **Quali sarebbero le tue responsabilità,** che tu volentieri assumeresti in pieno, **sapendo di servire il mondo bene, e con gioia?**

50. Hai una concezione spirituale del senso della vita? Al di là della materia c'è qualcosa, secondo te?

Il cielo sopra di noi appare sconfinato: e anche l'infinitamente piccolo si apre in spazi sorprendente enormi ... Puoi osservare come cresce una pianta, come funzionano la tua respirazione, e la tua digestione, e **ti rendi conto di come ogni elemento sia predisposto per combinarsi con gli altri**; dal cielo arrivano luce, calore, aria, con cui crescono i frutti che ti nutrono: *perché?*

L'osservazione, *condotta in modo imparziale*, ti porta a riconoscere alcune connessioni che fanno supporre che ci sia un Grande Disegno che ha predisposto numerose risorse tra loro compatibili, spesso in modi non percepibili dagli umani.

E la cosa più entusiasmante è che, **per mezzo del tuo pensiero, puoi intuire questi e molti altri concetti:** sei un Essere Umano, capace di raggiungere ogni argomento, appunto per mezzo del pensiero. Anche questo è un tema su cui bisogna riflettere: **perché lo scenario *appare* comprensibile, e perché lo capiamo?**

Sono argomenti che s'impongono all'attenzione di chi progetta la propria vita: **quando scegli lo spazio in cui vivere, e quanto tempo ti serve**, per forza consideri che cosa ti mantiene in vita, e da quella domanda **arrivi a considerare l'ecosistema, e a quel punto ti accorgi delle connessioni invisibili col Grande Disegno.**

Come metti in relazione i tuoi impegni quotidiani, vissuti per mezzo del corpo fisico, a volte soffrendo, **con l'intuizione che ti suggerisce che vivi in un Universo molto ricco e invisibile?**

Che cosa sai, a proposito del "nulla" da cui nascono le persone? Che cosa sai del "nulla" che arriva con la morte del corpo fisico? Davvero è un nulla? E quel che chiamiamo "vita", a cosa serve?

51. Stai vivendo per realizzare qualcosa di più, rispetto al semplice mantenere vivo il corpo fisico? A cosa punti?

Quando rinnovi la tua vita, hai l'occasione di posizionarti in un livello di consapevolezza più elevato, e più generoso, rispetto al precedente: <u>salendo di livello, e di responsabilità, provi più soddisfazioni</u>, perché un Essere Umano, per sua natura, adora sentirsi ammirato, generoso, e soprattutto di valido aiuto.

Perciò, **se scegli di vivere per servire e per lasciare un'eredità al mondo**, perfezionando quanto produci per il tuo ambiente, allora **ti senti inserito costruttivamente nel flusso della civiltà.**

Infatti, la civiltà nasce dal desiderio degli Esseri Umani di creare delle condizioni di vita più adatte, sia sul piano materiale, grazie alla tecnologia, sia sul piano spirituale, grazie alla filosofia e alle arti. <u>Pensando e ragionando ci si perfeziona.</u>

Considera, inoltre, la vastità dello scenario in cui ti percepisci, e le riflessioni che vanno oltre il vivere materialista: **tutti gli elementi che raggiungi per mezzo della tua attenzione vanno inseriti nella tua concezione del mondo,** *da cui ricavi la meta a cui dedichi la tua vita, e il piano scritto per raggiungerla.*

<u>La pace interiore, condizione indispensabile per esistere, decidere, e agire, deriva dalla saggezza con cui valuti la vita.</u>

Se decidi di prepararti per essere attivo nei tre livelli — spirituale, mentale, e fisico — allora investi le tue qualità sia per sentirti nel flusso della vita, sia per favorire l'avanzamento etico della società.

In questo modo partecipi al progresso, e ti sdebiti nei confronti dei **miliardi di esseri che ti hanno preceduto, e che ti hanno lasciato in dono i migliori frutti del loro passaggio sulla Terra.**

La spiritualità è la comprensione del primato del pensiero etico sulle altre attività: infatti, se ti concedi di coltivare una visione spirituale, sai come gestire te stesso e le sfide del mondo, perché capisci che il mondo non è il palcoscenico di chi crede che sia uno "zoo galattico"; osserva: *è uno stato di evoluzione della coscienza attraverso innumerevoli entità, che procedono con finalità, velocità, interconnessioni, compatibilità, differenti.*

Soltanto a livello di materia, si ha l'angosciante impressione che tutto sia scarso e finisca, perché questo è l'andamento delle forme fisiche: minerali, vegetali, animali, il corpo fisico modello Homo Sapiens che usi, tutti hanno una presenza fisica che si consuma. **Le forme fisiche derivano da modelli energetici non presenti sul piano fisico**: la goccia che forma il minerale dispone i suoi atomi lungo una matrice energetica; in modo analogo, il seme si sviluppa nella pianta in base ad una sua matrice energetica; e anche i corpi animali crescono, vivono, decadono, e muoiono, in base a precise matrici energetiche.

Se noti soltanto gli aspetti fisici, ti angosci quando qualcosa muore, e non capisci, quando qualcosa nasce.

Se radichi l'attenzione sulle matrici energetiche, trovi serenità e forza, e noti che esiste un perfetto, totalizzante coordinamento sia all'interno di ciascuna matrice, sia nell'armonizzazione di ogni matrice, e allora capisci che le manifestazioni, visibili ed invisibili, sono finalizzate: **se ti concedi di coltivare una visione spirituale, allora comprendi che ogni tua azione, ed ogni elemento che percepisci, sono espressioni della Vita.**

Il saggio, forte perché sa questo, sceglie di creare una civiltà evoluta: sa che è composta da individui evoluti, e quindi, per prima cosa, si prepara per servire l'evoluzione, e si mette subito in armonia con la Vita, **per diventare, egli stesso, evoluzione.**

Osserviamo insieme la Tavola 26

Ogni Individuo possiede almeno quattro risorse spirituali, che sono: Intelligenza, Sensibilità, Libero arbitrio, Capacità di agire. Le proporzioni di tali risorse variano, sia tra individui, sia nello stesso individuo, a seconda dei modi in cui le riconosce e usa.

Nel Mondo ci sono almeno quattro risorse spirituali, che sono: Spiritualità, Arte, Politica, Leggi umane. Le proporzioni variano, sia tra le nazioni, sia nella stessa nazione, a seconda del modo in cui le si riconoscono e usano.

Poiché ogni individuo vive nel mondo, e poiché la Storia dell'umanità nel mondo è fatta dagli individui, le risorse spirituali si incontrano, si mescolano, generano nuove proporzioni, a seconda del modo in cui ci si accorda.

L'accordo più maturo ed auspicabile crea una Civiltà evoluta, in cui prevalgono l'Intelligenza spirituale, quando gli individui scelgono di organizzarsi orientandosi per mezzo della Tradizione, e l'Intuizione extrasensoriale, quando gli individui collettivamente intuiscono che la materia è, al massimo, un supporto fisico per esprimere una minima parte dei pensieri, come succede per le vere opere d'arte: a quel punto, gli individui sanno che la spiritualità è più importante della materia.

Inoltre, in una civiltà evoluta, il libero arbitrio viene esercitato da ogni individuo per realizzare la corretta amministrazione della cosa pubblica, e così si manifesta la Responsabilità sociale. La capacità di agire di ciascuno sale di livello, e dimostra che le leggi umane, nate dall'intenzione di andare d'accordo meglio, possono armonizzarsi con le regole di questo Universo, e così si realizza, nei risultati misurabili, una vera, doverosa, meritata, irrinunciabile Gestione etica.

52. Che cosa parla all'essenza che tu sei? La ispira? Quali pensieri ne ricavi? Quale piano razionale sviluppi?

Le sfide della vita ci mettono alla prova: spesso perdiamo, giustamente, perché **siamo sulla Terra per allenarci e divenire capaci di condurre imprese più impegnative del nutrire un corpo fisico modello Homo Sapiens**: dobbiamo imparare a riconoscere la grandiosità del luogo in cui siamo, come è strutturato, e cosa possiamo fare, *in questo scenario*, sia rispettando le regole del luogo in cui abbiamo il corpo fisico, sia sviluppando la capacità di creare opere etiche.

> Dobbiamo, simultaneamente, armonizzare l'intuizione spirituale, con il ragionamento logico, e con l'azione fisica.

Tutto ciò implica una serie ininterrotta di sfide, e, spesso, perdiamo, al punto che ci pare che la nostra esistenza sia a pezzi: **è corretto che succeda, perché è un allenamento efficace, che stimola il risveglio della nostra consapevolezza**.

Ricostruire la propria esistenza, o una parte di essa, dopo una sconfitta che risulta dolorosa perché ci scopriamo non ancora capaci nell'armonizzare spirito, mente, e corpo, è un'occasione per mettere nuove basi, in cui **l'ispirazione, per quanto appena accennata in noi, è, comunque, un modo per intuire il senso** di arti, giustizia, etica, del fine del Grande Disegno, e della vita.

Questa è l'ispirazione, che cerchiamo sempre: negli affetti, nella quotidianità, nelle storie che ci appassionano, **abbiamo sempre una tensione che va oltre il limite fisico e che eleva**.

> Come puoi costruire il tuo percorso esistenziale per diventare coerente con il Grande Disegno, ed essere tu, a tua volta, un'affidabile fonte di ispirazione? Ci riesci se vivi la spiritualità.

53. Spaziando con la fantasia, che cosa riesci ad immaginare? E che cosa decidi di fare, dunque?

A volte succede che quando, "per gioco", ci si concede di sognare ad occhi aperti, **ci vengono in mente delle situazioni in cui saremmo protagonisti felici**: quando ti succede, trattieni **quell'ispirazione**, annotala per iscritto, e analizzala più volte, attento, perché **contiene un nucleo di verità che devi coltivare**.

Infatti, siccome nasce dai tuoi pensieri, **c'è qualcosa che ti riguarda profondamente, nel tuo sognare**: se lo pensi, e se lo ammetti quando smetti di essere conformista, capisci che il tuo sogno è un invito a organizzare la piena fioritura del tuo potenziale, e a diventare responsabile dei tuoi sogni, *sul serio*.

Se si tratta di un cambiamento audace, come fare il giro del mondo, o iniziare una carriera nuova, o fondare un'impresa etica, accetta l'evidenza che occorre, in ogni caso, una lunga preparazione: il tempo richiesto non è sprecato, non è in contrasto con il tuo sogno, anzi, è indispensabile che tu, per passare dall'idea al risultato, sia duramente messo alla prova, perché **devi imparare, e dimostrare, che sai gestire in armonia, per il bene dell'umanità, lo spirito, la mente, il corpo che usi**.

> La lunga preparazione ti sfida ed esaspera, e ti ricollega al mondo, perché è lì che devi vincere: non nelle tue fantasie.

Fai bene a sognare, e anche a realizzare opere mai viste prima: in ogni caso, devi armonizzarti con il Grande Disegno, e, quindi, ogni tua minima azione, e ogni tuo grande obiettivo, devono dimostrare che sei un adulto collaborativo, anziché un egoista, capriccioso, che vuole soltanto divertirsi, indifferente a tutto.

Il tuo progetto ha valore etico? Come aiuta l'evoluzione?

54. In quali modi, i tuoi sogni più vitali, ti guidano, mentre amministri la tua realtà e crei opere etiche?

L'ispirazione, e i sogni ad occhi aperti, spesso sono confusi: ecco perché il confronto con la realtà è indispensabile ... Serve per trasformare le tue migliori intenzioni in risultati misurabili.

Già il solo fatto di valutare, con metodo, un progetto a cui tieni, ti aiuta nella crescita personale perché ti insegna quanto è fondamentale **prepararsi, organizzare, agire, misurare, perfezionare, mentre conduci eticamente ogni area della vita.**

Seguire uno stile di vita ispirato non significa evitare il mondo quotidiano, materiale: al contrario, è la premessa corretta per abituarsi all'idea che proprio **nella quotidianità va portata l'ispirazione, da vivere come normale condizione operativa.**

Se cogli questo sottile aspetto, allora ti rasereni, perché inquadri le tue azioni nell'ampio scenario spirituale.

Quanto più sei coerente, tanto più sei efficace: dubbi, pigrizia, lentezza nel capire, scompaiono quando ti focalizzi sul valore etico che puoi offrire al mondo, che è quanto ti conviene fare.

> Se vivi i tuoi sogni in modo pragmatico, noti nel mondo molte risorse che si accordano con le tue intenzioni etiche: invece, se sogni soltanto per consolarti, credi che tutto sia contro di te.

Per realizzare il tuo migliore sogno devi essere pronto: servono persone sveglie, ispirate, etiche, determinate, capaci, affidabili.

Metti pace, dunque, tra le tue migliori intenzioni e i ruoli che ti assegni: la realtà che sperimenti è la diretta conseguenza delle tue scelte. Come sarebbe la tua esistenza se tu fossi coerente?

> **Espandi la tua capacità di osservazione**: contempla la più estesa percezione che hai dello scenario in cui vive il corpo modello Homo Sapiens che utilizzi. Nota che dipende dal Sistema Solare, il Quale funziona in base a Leggi logiche, che rivelano intelligenza e finalità, due caratteristiche evidenti. E il Sistema Solare è minuscolo, rispetto al Cosmo, di cui la Tradizione invita a considerare gli aspetti trascendentali.
> *Oggettivamente, la tua vita fisica dipende dal Sole: così è.*

Ora, chiediti qual è il senso del tuo stile di vita: lotti soltanto per accudire il tuo corpo fisico, cioè in pratica sei il suo baby-sitter? Oppure ricerchi la pienezza del pensiero, che culmina nella soddisfazione di servire bene, perché sai che stai facendo qualcosa di etico, che dura molto più del corpo fisico?

Ragiona al di sopra della logica di mercato, che non riesce a far quadrare i conti, come le persone materialiste e i governi, sempre in affanno, perché vogliono soldi e producono sprechi.

Se sei abbastanza saggio da arrivare a capire che ciò che ti mantiene in vita NON sono i capricci di chi gestisce i soldi, ma il Grande Disegno, di cui il Sistema Solare è una minuscola parte, allora capisci, anche, che le tue priorità, per quanto riguarda il corpo fisico, consistono nel gestire gli elementi del vivere, in modo da disporre di una relativa stabilità; e capisci che **tu, in quanto Essere Spirituale, sei in relazione con il Grande Disegno, e lo puoi verificare, se ti concedi di sviluppare le tue abilità sul Piano Spirituale,** per mezzo di preghiera, meditazione, e contemplazione, *sia nella veglia, sia durante il sonno*.

> **Ascolta la tua intuizione, e rispondi più volte a queste domande**:
> Che cosa emerge in te, quando valuti lo scenario in cui ti trovi?
> In quali modi, attivi ed etici, sei presente nello scenario?
> E quali nuovi, potenti scambi puoi creare, per migliorarlo?

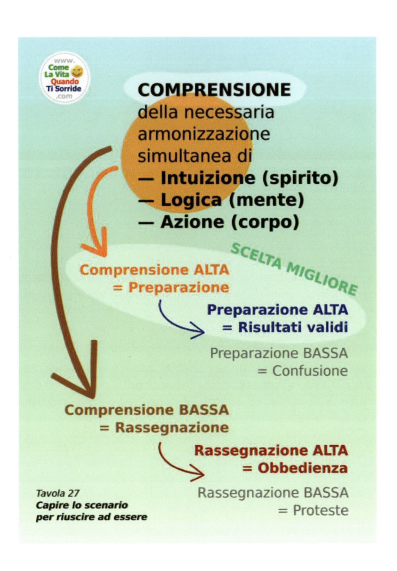

Osserviamo insieme la Tavola 27

Per esistere, ovunque tu sia, devi capire lo scenario in cui la tua presenza è attiva: ti realizzi soltanto grazie alla <u>Comprensione della necessaria armonizzazione simultanea di Intuizione, Logica, e Azione</u>, che corrispondono ai tre Piani di <u>Spirito</u>, <u>Mente</u>, e <u>Corpo</u>, in cui nascono, ed esistono, gli elementi vitali.

La comprensione varia, a seconda dell'uso che si fa delle risorse spirituali, individuali, e sociali: ovviamente, la <u>Scelta migliore</u> consiste in una <u>Comprensione Alta</u>, che invita a coltivare una <u>Preparazione Alta</u>, da cui derivano <u>Risultati validi</u>. Infatti, anche se si capisce l'importanza dell'armonizzazione di spirito, mente, e corpo, ma, nella vita di tutti i giorni, e nei progetti dell'umanità, manca la volontà di centrare subito, bene, e definitivamente l'obiettivo dell'armonizzazione, allora è evidente che la <u>Preparazione</u> è <u>Bassa</u>, e ciò genera <u>Confusione</u>.

Le cose vanno peggio quando la Comprensione della necessaria armonizzazione è <u>Bassa</u>: in quel caso si precipita nella <u>Rassegnazione</u>, che fa apparire la vita limitata e triste. Tuttavia, se la rassegnazione è <u>Alta</u>, cioè se in qualche modo si intuisce che deve esserci un significato superiore, e confortante, al di là del dolore, allora ci si dedica all'<u>Obbedienza</u>, in buona fede, e in questo modo, a fatica, si può risalire, se si sceglie di coltivare la preparazione spirituale necessaria ad ogni Essere Umano.

Invece, se la rassegnazione è <u>Bassa</u>, perché non si accetta l'evidenza che l'Universo è spirituale, e se non ci si vuole preparare spiritualmente, e se non si vuole obbedire, allora scoppiano le <u>Proteste</u>, sia individuali, sia sociali, il che porta ad una continua tensione sociale mortifera e disastrosa, che impedisce a tutti di vivere, perché lo scenario in cui siamo si fonda su Amore, Verità, Bellezza, Responsabilità, Etica, Gioia.

55. Metti distacco tra te e i dispiaceri del passato: quali prospettive incoraggianti vedi per te? Come le investi?

Il passato sopravvive in noi se lo ricordiamo: questo dimostra che **è centrale, e determinante, la scelta di ricordare**. E fa capire che **il modo in cui si ricorda indirizza il ragionamento**.

Infatti, puoi scegliere di portare con te l'immagine mentale di un evento piacevole, accaduto in passato, o di uno spiacevole: e, ripassandolo, tu scegli quanto intensa sia la rievocazione.

Addirittura, nei tuoi pensieri, puoi concentrarti e rievocare un preciso tratto dell'episodio, come si fa con una registrazione, quando si insiste per ritornare soltanto su una determinata parte.

Così facendo, **la scelta di ricordare, e di enfatizzare alcune porzioni del ricordo, ti condiziona**: voglio farti notare che il passato, di per sé, non sarebbe presente, per te, se tu, ora, non lo rievocassi. E voglio farti notare che "lo stile della rievocazione" che scegli di usare, riqualifica il passato.

> Puoi considerare stupendi giorni che furono belli, e terribili giorni che furono passabili: dipende dal ricordo di cui, tu, ora, decidi di dotarti. Il modo in cui ricordi influenza il modo in cui valuti il tuo presente, e in cui decidi cosa vuoi per il tuo futuro.

Premesso questo, considera come ricordi, tu, ora, i dispiaceri e i successi del tuo passato: quali episodi conservi? Quanto spesso li ripassi? Che cosa enfatizzi, ripassandoli? **Quali effetti vuoi suscitare in te, quando ripensi a dispiaceri e successi?**

Quali fonti utilizzi, per ricordare, e per sapere? Sono affidabili? E, soprattutto: a quale tipo di futuro vuoi che ti porti, la tua memoria del passato? Quali dati vuoi come base per decidere?

56. Quali sono le radici che nutrono il tuo spirito?
Come alimenti la tua essenza, ogni giorno?

Il passato ha generato ciò che tu sei: **abbiamo il privilegio di ereditare circa 5.000 anni di storia documentata**, in cui vissero circa 100 miliardi di individui, che crearono i privilegi, e i problemi, che oggi conosciamo, e con cui viviamo.

> **Se il Pianeta oggi è meglio abitabile che in passato, lo dobbiamo a chi è vissuto prima di noi.** E se ora abbiamo da risolvere i problemi creati da chi ci ha preceduto, consideriamolo il nostro dono per accogliere le future generazioni: così cresce la civiltà umana, collettivamente. Ogni generazione beneficia di quanto trova, e lo perfeziona.

Potendo scegliere che cosa ricordare del passato, **quali radici ci conviene ricordare, e come?** La domanda è valida anche per il singolo individuo: anche tu, infatti, hai accesso diretto al sapere, e alla tecnologia, che furono accumulati in passato …

Perciò domàndati: quale uso ne fai? **Quali risorse, del passato collettivo, rintracci volentieri, e usi con soddisfazione ed etica?** Quale ispirazione trai dal passato dell'umanità? Quale futuro crei, per potenziare le risorse che hai ereditato dal passato?

Per rispondere a queste domande, considera il tuo comportamento quotidiano, lo stile di vita che in pratica conduci: **quali risorse consideri indispensabili, per il tuo benessere?** Quali prodotti consumi? *Cosa induci a ricordare?*

E come nutri la tua mente? **Qual è il tuo livello culturale?** Come lo espandi? **Con chi relazioni, con quanta saggezza?**

> **E come nutri l'essenza spirituale che tu sei?** È fondamentale.

57. Con quali persone di valore sei capace di collaborare?
Quali responsabilità ti assumi? Per fare cosa?

Il presente deriva da come interpretiamo il passato: possiamo aprire varchi, verso il passato, per recuperare un sapere vitale, prezioso, e possiamo aprire varchi, verso il futuro, in cui scegliamo di immettere il sapere che abbiamo saputo ritrovare, ed arricchire.

L'impresa è immensa, richiede il lavoro coordinato di molte persone, spesso non presenti o perché vissero nel passato, o perché vivranno nel futuro: eppure, chi è coinvolto nella trasmissione della memoria, e della civiltà umana, condiziona, persino inconsapevolmente, l'andamento del vivere collettivo.

Perciò, **essere in equilibrio, per mezzo di uno stile di vita etico, è indispensabile sia per la persona, sia per la collettività**.

Tenendo in considerazione la continuità dell'esperienza umana, che passa da una generazione all'altra, grazie al lavoro coordinato di tutti, decidi dove vuoi inserirti, e scopri quale livello di abilità ti occorre per operare, e per il bene di chi.

Potenzia la tua preparazione, e la tua disponibilità ad assumerti responsabilità importanti. Individua chi può agire insieme con te, e domàndati come devi comportarti per essere degnamente all'altezza del gioco della squadra etica con cui vuoi collaborare.

L'impegno che metti nel realizzare mete ambiziose ti ricompensa con la soddisfazione, immediata e a lungo termine, che deriva dal sapere che stai operando in modo etico, cioè essenziale, per creare risultati importanti, che aiuteranno altre persone.

Definisci il tuo piano, e il valore che trasmetti. Quanto consumi, quanto offri? **Quanti anni esisti, per essere chi?** Come ti investi?

Se consideri la Storia dell'umanità, impreparata, e lo sconforto arrogante di chi ha preteso di dirigerla, e di insegnarle come vivere, senza però disporre di una visione spirituale completa ed etica, **rischi di deprimerti**: <u>se ciò accade, l'errore è tuo, perché accetti di credere a degli incompetenti, e rinunci ad accedere, tu stesso, al livello di comprensione superiore, che ti risulta intuibile se osservi</u>: infatti, ogni elemento che percepisci attraverso i sensi ti conferma che esiste "una regia", che ha deciso che esista; e se ti concedi di usare l'intuizione, potenziata attraverso la preghiera, la meditazione, e la contemplazione, allora capisci che ci sono, anche, individui saggi, che operano eticamente a favore della Vita.

<u>Ogni volta che provi uno stato d'animo, riconosci che si tratta di UNA, una sola esperienza</u>: riconosci quali dati compongono quella esperienza; gestiscili; elimina i dati mortiferi; inquadra lo stato d'animo in un contesto etico; così ti accorgi che puoi riqualificare le percezioni che noti osservando lo scenario.

> Soprattutto, nel "laboratorio della mente" ispirato da una visione spirituale etica ed allenata, puoi concepire soluzioni più vitali per lo scenario in cui operi tu, con persone etiche.

Nella visione spirituale capisci che puoi creare, per mezzo della tua mente, nuovo spazio e nuovo tempo, <u>per riqualificare gli elementi del passato, e per concepire nuovi sviluppi</u>: dipende da come "nutri" l'essenza spirituale che tu sei, e da come la proteggi dalle interferenze, e dalle suggestioni attivate da incompetenti che, se dominano su di te, ci riescono soltanto perché sono violenti e fisicamente più forti del corpo fisico modello Homo Sapiens che usi. *Sono soltanto forza fisica*.

> **Osserva: quando metti al sicuro la tua mente, e la illumini per mezzo della spiritualità consapevole, ti elevi e ti stabilizzi.**

Tavola 28
Chi è sveglio impara a valorizzare le risorse

Osserviamo insieme la Tavola 28

Nella porzione di spazio-tempo in cui vive il corpo modello Homo Sapiens che amministri, ci sono ottime possibilità di riuscita: non sempre sono evidenti, però, perché lo scenario è strutturato in modo che siano in buona parte nascoste proprio per spronare la capacità umana a capire, decidere, e agire.

Chi è sveglio, impara a valorizzare le risorse: tutte, anche quelle che in apparenza paiono insignificanti, o persino dannose. La risorsa che consente di accedere a tutte le risorse è l'<u>Osservazione costruttiva</u>: quanti più dati noti, analizzi, archivi, ritrovi, investi in progetti etici, tanto più vivi nell'armonia che è necessario realizzare sui tre piani spirituale, mentale, e fisico.

Chi osserva con sano distacco costruttivo, si accorge dell'abbondante <u>Potenziale di vita</u> che abbiamo a disposizione: ovviamente, l'osservazione va compiuta sino in fondo, appunto considerando OGNI dato, e collegandolo al potenziale di OGNI elemento percepito in questa porzione di spazio-tempo.

È chiaro che, per coordinare i numerosissimi dati, occorre essere intelligenti, e l'umanità ha costruito macchine e metodi per agevolare la memorizzazione e i calcoli sin dall'antichità: tuttavia, a livello spirituale, senza macchine, si può intuire l'essenziale che serve per superare la prova dell'esistenza fisica sulla Terra.

In ogni caso, qualsiasi sia il mezzo usato per capire, occorre portare avanti l'osservazione sino a quando si scopre la vitalità: il <u>Pessimismo</u> invita a osservare poco, e questo conduce alla <u>Fine della civiltà</u>. Ma chi è etico, trova il Potenziale di vita: ad esempio, sa che anche se il <u>Sole</u> è dietro una <u>Nube</u>, da cui scende <u>Pioggia</u>, che provoca <u>Umidità</u>, <u>Allagamenti</u>, e <u>Alluvioni</u>, si possono creare <u>Ripari</u>, <u>Canali</u>, <u>Dighe</u>, e ottenere più <u>Energia</u>.

58. Hai realizzato il tuo sogno nel cassetto? Perché rispondi così?

Piuttosto che rimanere bloccati, e avanzare lentamente, conviene chiedere aiuto: adattarsi ad una condizione di sofferenza è uno spreco di risorse, e di rispetto per la vita.

La decisione di dedicarsi alla crescita personale, chiedendo un consulto di life coaching, per portare a termine un percorso che si sviluppa in diversi mesi, e che accompagna per un tratto importante dell'esistenza, è una decisione fondamentale, che mette in gioco nuova vitalità, e fa sentire capaci e utili.

Inoltre, **sebbene un consulto sia strettamente personale, è, anche, un'occasione per capire meglio il proprio rapporto con il mondo,** perché <u>prendersi cura di sé è il primo atto da compiere per disporre di un raggio d'azione efficace, che si estende man mano che cresce la consapevolezza etica</u>. Infatti, quanto più capisci che cosa ti mantiene in vita, tanto più aiuti.

Il tuo bisogno di capire come puoi investire meglio il tuo potenziale, anche se parte da una necessità rigorosamente personale, **evolve verso una rinascita che ti mette in migliore contatto con il tuo ambiente**: <u>scopri, dunque, a che punto sono, i tuoi sogni del cassetto</u>, e decidi come puoi dare loro nuovo slancio. **Perché sono rimaste incompiute, le cose che amavi?**

Durante un consulto si riqualificano i ricordi e le intenzioni, e si scoprono molti tratti di sé: a volte può dare fastidio, dover ammettere le proprie incoerenze, ma si arriva a capire che continuare a fingere che non esistano è sia infantile, sia dannoso, perché <u>quando si evita un argomento, ci si limita</u>.

Nel dubbio, meglio fare un bilancio, e pianificare eticamente.

59. Per quale motivo credi di essere sulla Terra? Per realizzare cosa? Qual è la tua vocazione?

Uno degli aspetti più interessanti, e più formativi, di un vero, etico, percorso di crescita personale, è l'apertura dell'orizzonte mentale che fornisce: infatti, **se scegli di ragionare in base a dati oggettivi, allora fai scorrere i tuoi pensieri in modo coerente, e arrivi a risultati coerenti con i dati**. Per lo stesso motivo, se non ragioni in modo efficace, allontani quello che vuoi: forse, senza saperlo, usi "filtri di pregiudizi" che limitano la scelta dei dati.

Nel consulto, in genere, si procede così: 1) si valuta con distacco una situazione che non si riesce a gestire in modo etico ed utile; 2) si scoprono **nuove possibili disposizioni degli elementi e delle risorse**; 3) si ragiona, in base a dati oggettivi, su cosa, **in quello scenario**, si può cambiare, per ricavare ulteriori sviluppi.

Nel consulto, dunque, si capiscono due cose: 1°) si può cambiare; 2°) se si cambia, succede perché lo si decide: infatti, qualsiasi sia il problema, essere responsabili e mentalmente lucidi è la scelta, personale e decisiva, indispensabile per attivare la soluzione.

Quindi, **l'insoddisfazione che provi dipende da come ragioni**.

Puoi decidere di migliorarti: il che ti porta a considerare una prospettiva ancora più ampia, ossia il fatto che **puoi mettere coerenza tra ciò che pensi e ciò che fai**. Puoi organizzarti per vivere, razionalmente, in base alla tua visione spirituale.

Chiarisci a te, innanzitutto, i motivi etici per cui hai deciso di esistere, e come ciò si potrebbe esprimere, quando progetti una ristrutturazione del tuo modo di vivere: **l'intuizione è un punto di partenza**, per valutare la direzione da prendere; **poi, nella pratica, devi realizzare, in modo coerente, la tua meta**.

60. Per rendere la tua esistenza pienamente ricca di significato, che cosa ti conviene fare, ora?

Il life coaching insegna a prendersi responsabilità, e cura, delle proprie azioni: la prima risposta che viene in mente porta a considerare la famiglia, la routine, il lavoro, gli amici … E, molto spesso, si dimenticano le reali risorse, già raggiungibili, subito.

Per ciascuno di noi, **la definizione di "ambiente" comprende lo spazio ed il tempo che consideriamo in diretto contatto con noi**, sia perché lo ereditiamo, o subiamo, sia perché lo raggiungiamo, se esiste già, o lo creiamo, se siamo abili.

Tuttavia, espandendo l'osservazione, capiamo che l'ambiente è più esteso: comprende Natura, tecnologia, e regole sociali. Sono tre elementi ricchissimi, da amministrare con intenzione.

Infine capiamo che il nostro agire crea le basi del futuro: e, a questo punto, si espande "la dimensione dell'ambiente *nostro*". **Si parte dal pensare alle noie famigliari, e si arriva all'Universo:** quel che si capisce, dipende dall'osservazione, e dall'intelligenza, individuali. Ciascuno può osservare e ragionare, *se si impegna*.

Come si arriva a realizzare, e a vivere, la propria vocazione?
Si parte dalle responsabilità e dalle azioni personali, perché lì va maturata la preparazione, lì va progettato il piano scritto per rendere sensata la propria esistenza. *Onora i tuoi impegni*.

Stabilito il punto d'arrivo, si crea una base di sostentamento fondata su: 1) etica; 2) pace interiore; 3) qualità coltivate.

Una volta che si è capaci di offrire valore, si creano relazioni sane, con persone etiche, e così si creano amicizie, carriera, famiglia, progetti, **con un raggio d'azione sempre più esteso.**

Una volta che sei entrato "in confidenza", con la visione spirituale, nel senso che l'hai fatta diventare il tuo principale, o meglio: unico, criterio con cui valuti la tua esistenza, ti trovi orientato in modo molto etico, cioè provi una consistente, affidabile pace interiore, che ti conferma che sei un Essere Spirituale, inserito nel Grande Disegno, e, dunque, coinvolto in Esso, e "chiamato" a creare opere di valore, perché dalla Vita ricevi molto valore, di alta qualità e, per il basilare principio dello scambio, devi ricambiare creando altro valore, di qualità almeno equivalente alla qualità che hai ricevuto.

Quando espandi l'uso della mente, e lo porti dalla razionalità alla spiritualità, capisci che la tua priorità è creare opere di valore etico, in armonia con il Grande Disegno: in una parola, è "Servizio". La mente, applicata nel mondo fisico, si allena per diventare abile tanto quanto occorre per servire i Piani Superiori.

A quel punto, ti senti in una condizione di costante, leggero eppure intenso, "entusiasmo", parola che significa "*in diretta connessione con l'Assoluto*": se ti basi sulla spiritualità, vai oltre le apparenze delle manifestazioni fisiche; investi volentieri nella formazione per diventare più abile; e realizzi le opere che, nella visione spirituale coltivata quotidianamente, intuisci essere il coronamento del tuo poterti esprimere in forma fisica.

Il passo successivo, logico e volentieri accettato, è l'azione, che materializza, in risultati del mondo fisico, le idee che hai maturato, sul Piano Spirituale, in base al livello che hai raggiunto.

Di conseguenza, sai chiaramente cosa fare, e non c'è più distanza tra quanto vorresti fare e quanto fai: a quel punto, la coerenza diventa la tua normale condizione operativa, e ne sei felice.

La visione spirituale semplifica l'esistenza, la compatta, la fortifica.

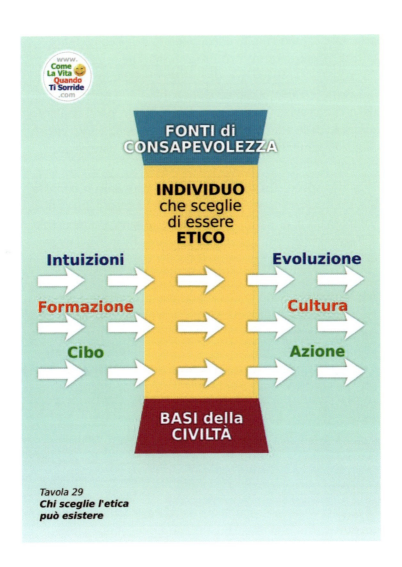

Tavola 29
Chi sceglie l'etica può esistere

Osserviamo insieme la Tavola 29

L'Individuo che sceglie di essere etico crea le Basi della civiltà,
ed esiste grazie ad esse: sa rendersi capace di riconoscere,
e di investire, le Fonti di consapevolezza che sgorgano
dal Piano spirituale, che alimenta i Piani mentale, e fisico.

Chi sceglie l'etica può esistere: è il limite che dobbiamo accettare,
come ci è stato indicato chiaramente dalla Tradizione. Infatti,
dobbiamo rinunciare all'egoismo e scegliere l'etica: così viviamo.
Perciò, chi rispetta, ed impersona, l'etica, prospera e prova gioia,
e contribuisce all'evoluzione dell'umanità, perché l'etica consiste
nella decisione di scoprire, favorire, consolidare, difendere
ciò che ci mantiene in vita sui tre Piani, spirituale, mentale, fisico,
in armonia con le finalità del Grande Disegno in cui siamo inseriti.

In questo modo, chi fonda la propria esistenza sulla visione
etica, che è l'unica coerente con questa porzione di spazio-
tempo, valorizza ogni risorsa: ad esempio, quando ha bisogno
di Cibo — per nutrire il corpo fisico modello Homo Sapiens che
gli serve per avere uno strumento, "un segnaposto", che opera
nella materia — trasforma il cibo in Azione, e investe le qualità
del corpo fisico per creare opere vitali, misurabili, oggettive.

Chi fonda la propria esistenza sull'etica, vuole procurarsi tutta
la Formazione che è richiesta, per capire, decidere, e agire,
in armonia con lo scenario in cui opera: mosso da tali finalità,
il suo sapere diventa Cultura a disposizione dell'umanità.
Questo è il modo migliore per valorizzarsi nel Piano mentale.

Sul Piano spirituale, chi è al servizio dell'etica ogni giorno
riceve, e coltiva, Intuizioni, durante la veglia, e durante il sonno,
che chiariscono la visione generale, e motivano, rendendo
più forti ed incisivi, a beneficio dell'Evoluzione dell'umanità.

61. Cosa possiamo ricordare di te, per celebrarti? Quali sono le cose belle, etiche e socialmente utili, che hai realizzato?

Il punto d'arrivo di un percorso di life coaching consiste in un successo personale: per "successo personale" s'intende essere riusciti a raggiungere un obiettivo etico, utile per l'umanità.

Questo tipo di successo, come, ad esempio, conseguire un diploma, non fa notizia: eppure, per la persona direttamente interessata, è, di fatto, un vero successo, è una tappa che diventa il principio per ulteriori sviluppi etici, utili per l'umanità.

I successi personali sono comunque "minori", rispetto ai successi che si raggiungono quando si aiutano gli altri: ad esempio, aprire un'impresa, risolvere un problema scientifico, creare opere che procurano un vasto benessere nel lungo termine, sono esempi di "successo maggiore".

A volte, potremmo raggiungere un successo importante, e non sappiamo come fare: un percorso di life coaching aiuta.

Premesso ciò, considera quale obiettivo vuoi raggiungere, e definisci i risultati misurabili che indicheranno quando l'avrai raggiunto: **gli obiettivi raggiunti dimostrano quanto vali.**

Sono importanti anche i tuoi successi del passato: sono tappe fondamentali perché ti hanno portato ad essere qui, come sei ora.

Quali, dunque, tra le tue azioni, meritano di essere ricordate, per dimostrare che cosa hai rappresentato per l'umanità?

E ora che sai quanto importante è la tua realizzazione in rapporto alla Storia dell'umanità, **quali nuovi, più etici obiettivi ti potresti assegnare, da questo punto della vita in avanti?**

62. Quanto ben inserito ti senti, nel gioioso flusso della vita? Come puoi migliorarti in questo?

La vita pone il nostro **corpo fisico** nel mondo materiale, dove deve sopravvivere nelle migliori condizioni, per quanto si può; e la vivacità della nostra **mente**, sempre attiva nel pensare, ci mantiene in relazione con "il mondo dei pensieri", dove approdano, anche, le riflessioni di ordine superiore, come l'intuizione, la creatività, il senso della giustizia, che sono dominanti, nell'essenza di Essere Umano: è la **parte spirituale**.

Nei tre piani — spirituale, mentale, fisico — hai sempre bisogno di ottenere successi. Il tuo corpo fisico va collocato in situazioni etiche, per generare risultati vitali, e per poter esistere in ottime condizioni di salute: ciò ti riesce se lo amministri per mezzo di progetti, ben concepiti e diretti dalla mente, la quale opera ispirata dall'essenza spirituale che tu sei. **C'è una stretta, e indissolubile, relazione, tra i tre piani.**

I tuoi successi si manifestano, e continuano ad esistere, se sono bene inseriti nel flusso della vita: le tue opere materiali devono saper interagire, e prosperare, con quanto esiste a livello fisico, nonostante il confronto, e lo scontro, con volontà diverse dalla tua; e le tue idee devono portare avanti il primato etico della civiltà. Quanto sei realmente capace, di fare ciò?

Quali punti forti ti riconosci, nella tua comprensione, e nella tua gestione, dei piani spirituale, mentale, e fisico?

Che cosa ti occorre imparare? **Chi te lo può insegnare?**

Con chi puoi collaborare? **Prepara una strategia per arrivare al successo nell'ampio orizzonte che** ora **riconosci**, grazie alle risposte che hai formulato riflettendo su questi concetti.

211

63. Esisti grazie a molte risorse generose che ti aiutano: quale oggettivo valore offri, per ricambiare allo stesso livello?

La Natura dimostra che esiste un equilibrio generale: anche se tutto si trasforma, ogni elemento in trasformazione entra immediatamente in equilibrio con il Grande Disegno, e appena esce dall'equilibrio viene immediatamente eliminato ...

Per quanto sembri crudele, succede: l'insetto che finisce, per distrazione, nella tela del ragno, esce dal suo equilibrio e a causa di ciò muore, e nutre il ragno, nel Grande Disegno.

La civiltà umana, quando si mostra pacifica, rende meno crudele "il sistema di eliminazione naturale": se, per distrazione, finisci dentro una buca, e se ciò accade in una nazione dotata di un sistema di pronto soccorso, e se hai un telefono per chiamare i soccorsi, ecco che hai buone probabilità di non venire eliminato all'istante, a causa di una sola, fatale, distrazione.

La civiltà umana è nata, continua ad esistere, e va perfezionata di molto, proprio per creare un ambiente sincero e armonioso, che favorisce l'esistenza degli Esseri Umani, in un equilibrio generale che rispetta l'ambiente, e tutti coloro che vi abitano.

In effetti, **esistiamo in base a come amministriamo le risorse ereditate dal passato, e a come costruiamo nuove risorse**: se non gestiamo le risorse, siamo *immediatamente* minacciati dal "sistema di eliminazione naturale", che è angosciante.

<u>Tu, che hai l'ambizione di centrare diversi tuoi successi personali, come ti inserisci nella creazione della civiltà?</u> *Crei risultati razionali?*

Come ricambi i doni che hai ricevuto? **Quali nuovi doni prepari, e lasci in eredità, all'umanità?** <u>Come favorisci la civiltà etica?</u>

In ultima analisi, per quanto ti riguarda, di te inteso come *"unità di consapevolezza"*, in transito sulla Terra per mezzo di un corpo fisico, **il senso della vita dipende da come tu partecipi attivamente, con buona volontà, al Grande Disegno.**

Hai libero arbitrio per scegliere dove collocarti: nella peggiore delle ipotesi, giochi il ruolo dell'antagonista; nella migliore, diventi un co-creatore; **in ogni caso evolvi, e fai evolvere, in base al livello di consapevolezza che hai raggiunto sino a lì.**

La riuscita dipende da te: e il futuro dell'umanità, e il presente del tuo ambiente, e ogni situazione in cui esisti, dipendono da te, perché, se sei in contatto con qualcosa, allora puoi comunicare, e la comunicazione avviene sempre in tutti e due i sensi. *Quindi, se hai l'abitudine di comunicare con il Piano Spirituale, allora c'è uno scambio, a livello molto, molto alto.*

Non ci sono punti di arrivo, per la condizione umana, perché c'è ancora così tanto da esplorare, e raggiungere, capire, e servire, che puoi procedere per decenni con l'espansione della consapevolezza, sapendo che non termini le esperienze da fare.

Al tempo stesso, ogni singolo dettaglio è un mondo a sé, e merita la tua massima, e migliore, attenzione: ogni giorno è prezioso; ogni strada è l'inizio di un cammino; e dove tu sei, in ogni istante, esprimi la sintesi di quanto rappresenti.

Sei nell'equilibrio generale: appena arrivi sulla Terra lotti, per conquistare la certezza della tua identità, che NON è nei ruoli che interpreti; poi, evolvendo, capisci che sei un'espressione della Vita; e questo ti fa capire che sei prezioso, e amato, cioè correttamente inserito nel Grande Disegno, "alla distanza desiderata", **perché la Vita è Amore, come diciamo qui, in** *"Come La Vita Quando Ti Sorride"*.

Livelli di consapevolezza		
		Spiritualità vissuta
	Ascesi	Liberazione
	Cultura	Arte
	Materialismo	Intelligenza artificiale
	Relazioni	Alleati e nemici
	Valore offerto	Logica di mercato
	Percezione di sé	Lotta per la sopravvivenza

Tavola 30
Prospettive in espansione

Osserviamo insieme la Tavola 30

Quando si sceglie di allinearsi con le regole vitali di questo Universo, le prospettive di vita si espandono: succede grazie all'impegno personale, man mano che, volontariamente, si coltivano, e si rafforzano, i <u>Livelli di consapevolezza</u>.

Il primo livello è la <u>Percezione di sé</u>, stimolata dalla <u>Lotta per la sopravvivenza</u>: la presenza fisica è la limitazione imposta ad ogni essere, per esistere, e misurarsi, in forma fisica.

La civiltà umana si è un poco elevata, al di sopra della brutale lotta, e, in molte situazioni si viene accettati per il <u>Valore offerto</u> ma soltanto in termini di denaro: è la <u>Logica di mercato</u>.

Al di sopra ci sono le <u>Relazioni</u> che ciascuno deve coltivare, per trovare <u>Alleati</u> e per contrattaccare meglio i <u>Nemici</u>.

Sino a questo punto siamo ancora nel <u>Materialismo</u>, che richiede abilità per gestirlo nella sua complessità: alcuni, avidi, usano l'<u>Intelligenza artificiale</u>, sperando che, grazie ad essa, riescano a vincere la lotta per la sopravvivenza, secondo la brutalità della logica di mercato, usando ricatti per eliminare i nemici e rubare le loro risorse. Ma tale avidità non è in armonia con la vita: non ha futuro, non evolve, e deve finire. L'allineamento con le regole vitali di questo Universo inizia quando prevale la <u>Cultura</u>, che si esprime per mezzo delle opere d'<u>Arte</u>, che ci ricordano l'esistenza della dimensione spirituale, che è superiore, rispetto alle attività fisiche.

Lo capisce, e lo vive ogni giorno, chi mette, al di sopra di quanto indicato sino a qui, l'<u>Ascesi</u>, cioè la preghiera, la meditazione, la contemplazione, che costituiscono la via per la <u>Liberazione</u>: infatti, la <u>Spiritualità</u> va <u>vissuta</u>, sempre.

10 video per approfondire, prima di concludere

In questo libro hai esplorato il campo di azione del life coaching, lo hai usato per riflettere su molti aspetti del tuo modo di vivere, e hai trovato spunti per riprogettare la tua esistenza.

Se quanto hai letto ti ha stimolato costruttivamente, allora sei arrivato ad un punto importante nella tua crescita personale: **puoi scegliere di guidare la tua esistenza in modo più consapevole, e più coerente** con ciò che tu ritieni essere la tua vera essenza, la tua missione, i valori in cui credi.

Hai capito che tocca a te prenderti carico, e cura, del modo in cui vivi, ed è un bene che sia così, perché vuol dire che hai un margine di libertà di pensiero e un margine di autonomia di azione: investi eticamente, i pensieri e le azioni.

Se permetti un consiglio, eccolo: **riconosci l'armonia del mondo**, la bellezza della Natura, la perfetta interconnessione dei regni minerale, vegetale, e animale, e rifletti su come sia possibile che una tale armonia esista, e sia finalizzata.

In che rapporto sei con il mondo? A quali livelli riconosci la tua presenza? Come partecipi? Scambiando cosa? Cosa offri, di vitale, al mondo, per ricevere altri doni vitali?

Sono le ultime domande di questo libro, e le prime di tutti gli approfondimenti che vorrai fare per mezzo dei miei altri libri, dei miei corsi, dei seminari dal vivo, e dei consulti personali con me.

MA PRIMA DI SALUTARCI, VOGLIO PASSARTI QUESTO CONTENUTO SPECIALE … che serve per invitarti a ripassare "in modo pratico" quanto hai imparato leggendo questo libro…

… Si tratta di 10 video sugli argomenti fondamentali che sono alla base del life coaching per come lo conosco e pratico io.

<u>Nel mio sito trovi spiegati i miei princìpi, che ti consiglio di leggere</u>: riguardano la mia mission, il mio manifesto, il mio cliente ideale, la mia promessa di consulente, la tua promessa di cliente. **Nei 10 video che trovi elencati qui sotto,** <u>scelti tra gli oltre 3.000 che ho creato e messo a disposizione di chi vuole migliorarsi</u> (li trovi qui: https://tinyurl.com/clvqts-youtube), **ci sono delle "chiacchierate costruttive" su temi essenziali della vita di tutti i giorni**, inquadrati in una prospettiva spirituale.

Sono molti, gli argomenti che tratto nei miei video, e sono tutti basati su dati oggettivi verificabili: <u>fornisco sempre le esatte fonti, perché tu non devi credere a cosa ti dico io</u> … Devi SEMPRE verificare le fonti, e capire che si capisce in base a quanto si sa. **Ecco perché sinora, in tutto, ho girato più di 5.000 video, sugli argomenti che viviamo ogni giorno:** dall'economia alla storia, dall'informatica all'arte, e molto ancora … <u>perché tu, come tutti, sei OBBLIGATO a scegliere, senza sbagliare, e, quindi, devi saper RAGIONARE costruttivamente, sulla base di dati oggettivi</u>.

Per indirizzarti in modo sicuro, tra i miei molti video, ho scelto la selezione che ti propongo, per riprendere, e per rendere meglio utilizzabile, quanto hai imparato leggendo questo libro: guardando i 10 video, e riflettendo, metti in relazione il contenuto imparato qui, con il tuo stile di vita, e così rendi pratico, e utilizzabile, quanto ora sai sulla crescita personale.

Prendi il tuo tempo, e prepara un quadernone (<u>uno grande, formato A4</u>) **per prendere appunti**: infatti, ogni volta che, guardando uno dei miei video, ti viene un'intuizione, annotala subito: metti in pausa il video e scrivi lo spunto. Mettici anche la data: rileggendo, tra qualche anno, noterai i tuoi progressi.

Video 1 di 10 — "Come divento più forte?"

Il primo video deve, per forza, riguardare i 3 concetti di base a cui faccio SEMPRE riferimento, che sono Amore, Verità, Bellezza, MA ATTENZIONE: dobbiamo conoscere l'esatto significato di queste tre parole, per come le usiamo nel life coaching che io conosco e pratico. Detto in estrema sintesi:

> **Amore** = La distanza desiderata   (Piano Fisico)
> **Verità** = Ciò che funziona   (Piano Mentale)
> **Bellezza** = Ciò che ispira vitalità   (Piano Spirituale)

"*L'amore è la distanza desiderata.*": quindi, ESCLUDIAMO, godimento, preferenza, attaccamento, devozione, gelosia ... NO: dobbiamo sempre considerare lo scenario *E* metterci in armonia con lo scenario, eticamente; quindi, dobbiamo disporre gli elementi in armonia: è una questione di giusta distanza, come quando si arreda una stanza, si apparecchia la tavola, si dispongono i fiori, si progetta la propria esistenza.

DI CONSEGUENZA, gli elementi disposti in armonia alla distanza desiderata per armonizzarsi nello scenario, producono risultati che funzionano: "*La verità è ciò che funziona.*".

L'EVIDENZA del corretto disporre gli elementi in modo che funzionino è la bellezza che esprimono: "*La bellezza è ciò che ispira vitalità*"; dobbiamo onorare, difendere, e favorire, tutto ciò che ci mantiene in vita. **L'ideale si esprime nei dati misurabili.**

Se comprendi questi tre concetti, per come te li ho spiegati qui, allora riesci a vivere in modo spirituale e consapevole.

Parto dal Piano Fisico perché l'esperienza te lo rende evidente: sappi che deriva dal Piano Spirituale, prima, e dal Mentale, poi.

Chiarita questa premessa, indispensabile perché inquadra il senso generale di quanto posso insegnarti, guarda il primo dei 10 video, che si intitola **"Come divento più forte?"**.

Dura 1 ora, 28 minuti, e 24 secondi. Lo trovi a questo indirizzo: https://www.youtube.com/watch?v=wQueGp0R_u8

Puoi arrivarci anche usando questo codice: è sufficiente che lo inquadri con la fotocamera del tuo smartphone collegato a internet, e il video parte in automatico. **Buona visione, ottime riflessioni, splendido miglioramento!**

Video 2 di 10 — "Come posso credere in me?"

Come ho precisato al termine della presentazione del primo video, **il Piano Spirituale è DOMINANTE**: infatti, questo Universo è spirituale, e tale caratteristica è presente in ogni situazione ...

Il seme contiene l'intero essere, e l'intenzione contiene il risultato: **ogni elemento che percepisci nasce da una visione**, che ha ispirato un progetto, che ha reso possibile l'esecuzione materiale di azioni prodotte da corpi guidati nella materia.

C'è una perfetta corrispondenza tra questi concetti e i 3 Piani:

> Piano Spirituale = Intuizione, Fantasia, Creatività
> Piano Mentale = Analisi, Comprensione, Organizzazione
> Piano Fisico = Azione, Controllo, Risultato

C'è una precisa gerarchia: in alto domina lo Spirito, in mezzo la Mente elabora le indicazioni etiche, in basso nella Materia si producono i risultati richiesti. **L'alto ha effetto sul basso.**

Ci sono analogie, dall'alto verso il basso, anche nei tre piani:

	Piano Spirituale	Piano Mentale	Piano Fisico	
in alto	Intuizione	Analisi	Azione	*Bellezza*
in mezzo	Fantasia	Comprensione	Controllo	*Verità*
in basso	Creatività	Organizzazione	Risultato	*Amore*

Comprendi bene il significato di queste 9 parole: infatti, **è fondamentale saper riconoscere il significato, e la funzione, delle parole, perché ciò consente di ragionare,** ossia di mettere in relazione l'intenzione di vivere con la capacità di vivere.

Questi concetti vanno compresi: l'unico modo per riuscirci, e per dimostrare di averli realmente compresi, è applicarli nella vita di tutti i giorni, in modo da "spiritualizzare la materia": so che ti sembra un compito impossibile, al di sopra delle tue forze, eppure ci puoi riuscire, e te lo spiego nel secondo video intitolato **"Come posso credere in me?"**.

Dura 1 ora, 8 minuti, e 39 secondi. Lo trovi a questo indirizzo: https://www.youtube.com/watch?v=du1fRWRAO0A

Puoi arrivarci anche usando questo codice: è sufficiente che lo inquadri con la fotocamera del tuo smartphone collegato a internet, e il video parte in automatico. Buona visione, ottime riflessioni, splendido miglioramento!

Video 3 di 10 — "Chi sono io?"

Ogni elemento è una particolare espressione dei tre Piani (Spirituale, Mentale, Fisico) e ne rappresenta più spesso uno: inoltre, a seconda dello scenario, della funzione, e del livello di evoluzione raggiunto da quell'elemento, cambia il rapporto tra l'elemento e i Piani. **La vita è un intrecciarsi di flussi variabili.**

La composizione energetica costantemente mutevole è, anche, una caratteristica degli Esseri Umani, che, a grandi linee, facendo una classificazione molto approssimativa, si possono ricondurre a tre gruppi: ci sono gli Spirituali, che si basano sulla visione etica, cioè vitale nel senso più ampio; ci sono gli Esecutori, concentrati essenzialmente sul ragionamento logico, senza domandarsi da cosa è ispirato, e quali conseguenze genera; ci sono i Goderecci, interessati soltanto al loro divertimento immediato, che difendono con orgoglio, violenza, testardaggine.

> Come ho appena detto, è una ripartizione imprecisa, e non determinante, perché **ogni Essere Umano può decidere di cambiare**; inoltre, all'interno dello stesso gruppo, ci sono innumerevoli variabili; e, soprattutto, va SEMPRE considerato lo SCENARIO in cui s'incontrano i flussi energetici, di ogni tipo.

Tuttavia, per quanto imprecisa, e dunque inaffidabile, **questa ripartizione è utile per iniziare a domandarsi quale stile di vita si sta seguendo**, perché, a quale livello, per generare cosa.

In base alle domande che ti poni, arrivi a conoscerti meglio, e a capire, con maggiore chiarezza, in quale scenario ti trovi: le risposte che dài sono la base del tuo stile di vita.

Questi concetti sono nel terzo video, intitolato "Chi sono io?". Dura 1 ora, 26 minuti, e 07 secondi. Lo trovi a questo indirizzo: https://www.youtube.com/watch?v=dhEu6hpA57E

Puoi arrivarci anche usando questo codice: è sufficiente che lo inquadri con la fotocamera del tuo smartphone collegato a internet, e il video parte in automatico. Buona visione, ottime riflessioni, splendido miglioramento!

Video 4 di 10 — "Cattive abitudini: come le cambio?"

> "Tu non sei il tuo corpo;
> tu non sei le tue emozioni;
> tu non sei i tuoi pensieri.
>
> Tu sei coscienza — spirituale, e dunque immateriale,
> che va oltre le misurazioni limitate al materialismo —
> che percepisce corpi, emozioni, pensieri, concetti astratti,
> in uno scenario di flussi diversi, variabili.
>
> Tu sei un'entità che è convinta di avere un raggio d'azione;
> che si scopre capace di connettersi con il Piano Spirituale;
> che può canalizzare intuizioni che sul Piano Mentale trasforma
> in progetti finalizzati, per mezzo di numeri e di parole;
> che è capace di inviare ordini per attivare, sul Piano Fisico,
> risorse di vario genere, sino a dove si riconosce
> capace di condurre il raggio d'azione
> che considera a sua disposizione."

Queste sono le caratteristiche essenziali di un Essere Umano: sono tue, innate, non puoi perderle, nessuno ha il diritto di impedirti di inserirti eticamente, e con gioia, nel Grande Disegno.

Ma se non le coltivi ogni giorno, allora non arrivi ad investirle come potresti: in teoria, tu sei abile almeno quanto un monaco orientale che sa meditare alla perfezione, ma, in pratica, se tu non conosci le tue caratteristiche, e se quando qualcuno ti informa che esistono tu non vuoi sapere e nemmeno verifichi come stanno le cose, allora arrivi a considerarti incapace, e persino a soffrire, convinto di affondare nei limiti che, di fatto, non esistono. A quel punto, vivere, per te, risulta molto faticoso.

Quando dimentichi la tua essenza spirituale, soffri in modo atroce, a livello fisico e a livello mentale: succede perché limiti la tua esistenza all'aspetto materialista, con un corpo fisico che si ammala e invecchia, mentre consuma soldi che non sono mai abbastanza e che non riesci a guadagnare a sufficienza, il che ti stressa, rovina i tuoi rapporti con gli altri, e ti deprime.

A quel punto, cerchi di compensare l'immenso dolore, da cui non sai nemmeno che puoi uscire: per compensarlo usi sostanze che spengono la tua mente e ti fanno godere nel corpo, per qualche minuto; **così iniziano, e mettono radici, le cattive abitudini, che assumono il comando della tua vita.**

Puoi uscirne? Sì, a condizione che: 1) Comprendi l'intero quadro generale nei termini che ti ho descritto in questo libro; 2) Decidi di allinearti con la Tradizione, cioè con i chiari insegnamenti vitali che da almeno 5.000 anni di Storia documentata, in ogni epoca e presso ogni civiltà, sono stati insegnati all'umanità per gestirsi eticamente, in armonia con l'Assoluto; 3) Attivi un nuovo stile di vita, finalmente spirituale.

Per riordinare le idee, ripassa daccapo questo libro; e per avere un ulteriore aiuto guarda con attenzione il quarto video, intitolato **"Cattive abitudini: come le cambio?"**.

Dura 1 ora, 24 minuti, e 47 secondi. Lo trovi a questo indirizzo: https://www.youtube.com/watch?v=UHPEr9qvPDI

Puoi arrivarci anche usando questo codice: è sufficiente che lo inquadri con la fotocamera del tuo smartphone collegato a internet, e il video parte in automatico. Buona visione, ottime riflessioni, splendido miglioramento!

Video 5 di 10 — "Non riesco a spiegarmi: che cosa faccio?"

Quanto ti insegno, potrebbe non essere nuovo, per te: eppure non lo vivi pienamente. Mi sbaglio? Te lo chiedo perché molti si appassionano alla crescita personale, ma non la realizzano: immaginano di diventare migliori e non valorizzano chi sono.

Succede anche a te, almeno in parte? Cioè, mi spiego meglio: tu conosci questi ottimi princìpi, che ti ho spiegato in questo libro e nei miei video, eppure non li vivi completamente, con piena soddisfazione; è evidente che, anche se conosciamo la teoria, e non la mettiamo in pratica, allora complichiamo le cose.

Assurdamente, ostacoliamo la nostra vita, e quella di chi entra in contatto con noi: **è tutto un rimandare lo stile di vita ideale per dare la precedenza a scelte irrazionali** ... Ecco perché scoppiano crisi e guerre, sul piano internazionale, ed ecco perché scoppiano litigi e aggressioni, sul piano personale.

La soluzione? Comunicare: tutto, a fondo, senza vergogna. Dirsi tutto, proprio tutto, anche se ci sentiamo ingenui, nel dire che ci aspettiamo di ricevere affetto, o di essere ascoltati ...

... eppure, **proprio perché ci sentiamo delusi, attacchiamo: preferiamo combattere, piuttosto che spiegarci.**

Lo so: hai già provato a spiegarti e non ti hanno ascoltato. Anzi: ti hanno preso in giro, e questo ti ha ferito. E ti sembra che chi è prepotente ha più successo di te, e così hai indurito il tuo cuore, convinto di dover imitare i peggiori al mondo.

Ha funzionato? No. Sei rimasto deluso, e qualcuno più forte di te ha preso comunque il tuo posto, perché, il corpo fisico che usi, invecchia, e guadagni meno: **soltanto la comunicazione risolve**.

Per comunicare bene, ottenendo ascolto e creando accordo, devi considerare quelli che io chiamo "gli universi personali": ciascuno di noi è convinto di avere ragione; crede che i suoi desideri siano legittimi, e che i suoi affetti siano i migliori; per di più, è convinto di molte altre cose, che ha imparato faticosamente, o perché le ha subite, o perché le ha conquistate per mezzo della sua tenacia, e ne va orgoglioso.

L'insieme di orgoglio, istinto di sopravvivenza, ignoranza, paura di perdere tutto, convince un individuo che il suo modo di vivere sia l'unico possibile, e, addirittura, il migliore in assoluto: **è il suo "universo personale"**.

Ciascuno ha il proprio "universo personale" e, infatti, ciascuno si considera non ascoltato, non capito, perché gli altri, nella sua impressione, non conoscono sino in fondo tutti i dettagli.

Se tutti rimaniamo confinati dentro i nostri "universi personali" allora non possiamo creare una civiltà etica: dobbiamo trovare dei punti di incontro, e quando ci riusciamo, perché parliamo la stessa lingua, e abbiamo obiettivi compatibili, creiamo un accordo che vale, in quello spazio e il quel tempo, per chi la pensa come noi: **così si crea un "universo condiviso"**.

Eppure, tanti "universi condivisi" presenti sullo stesso territorio, nello stesso tempo, non creano una civiltà etica: al massimo, in quello spazio-tempo, ci sono tribù e nazioni, sempre pronte a combatterci. Non è quello, il vero accordo.

Infatti, riusciamo a realizzarci, sia come individui, sia come civiltà etica, **quando portiamo la consapevolezza, di tutti, al livello superiore, che è "realtà":** la realtà è ciò che è vero, ed è vero ciò che funziona, e funziona ciò che ispira, e che mantiene in vita. **Dunque, è vera la visione spirituale.**

225

Quando non riesci a comunicare, quando non sai coinvolgere chi potrebbe creare opere di valore, insieme con te, **succede perché tu, e gli altri, siete legati ai vostri "universi personali"**, non create nemmeno un "universo condiviso", e comunque, anche se lo create, **è un punto di vista umano, parziale, che non può funzionare**, perché funziona soltanto ciò che sceglie di mettersi in armonia con tutti i flussi, cioè con l'esatta realtà dello scenario in cui operiamo, ossia con questo universo spirituale.

> La soluzione è comunicare: in modo chiaro, completo, leale, aperto, disposti ad ammettere quali sono gli elementi da considerare, con l'intenzione di creare un accordo etico in armonia con lo scenario.

Ti spiego questi concetti nel quinto dei 10 video, intitolato **"Non riesco a spiegarmi: che cosa faccio?"**.

Dura 1 ora, 17 minuti, e 22 secondi. Lo trovi a questo indirizzo: https://www.youtube.com/watch?v=v4eX-W0sWOc

Puoi arrivarci anche usando questo codice: è sufficiente che lo inquadri con la fotocamera del tuo smartphone collegato a internet, e il video parte in automatico. Buona visione, ottime riflessioni, splendido miglioramento!

Video 6 di 10 — "Come imparo dai miei errori?"

Siccome la realtà è una, una sola, nella convincente percezione che abbiamo, al di là delle ipotesi che dicono che sia tutto un'illusione — *potrebbe essere un'illusione*: ma chi lo dice usa le parole, in modo logico, e conferma che qui la logica è una sola, e che è quella percepita, quindi l'obiezione si dissolve da sé — **siccome la realtà è una sola, è possibile mettersi d'accordo.**

> Domanda: Come possiamo metterci d'accordo?
> Risposta: Riconoscendo che cosa ci mantiene in vita.

Quindi, **superati gli interessi orgogliosi e limitati** degli "universi personali" e le pretese violente e arbitrarie degli "universi condivisi", **si percepisce la cosiddetta "realtà", che è il più vasto accordo, a cui arriviamo quando ammettiamo che esistono gli elementi che percepiamo**, e che li percepiamo allo stesso modo: ad esempio, vediamo il sole, e riconosciamo che rende possibile la civiltà sulla Terra; quando urtiamo uno spigolo proviamo dolore nel corpo fisico; c'è un prima, un durante, un dopo, che chiamiamo "nascita", "vita", "morte" ... Ecco, **questi sono esempi di elementi che costituiscono la "realtà" percepita**.

Certo: ciascuno percepisce a modo suo, e la Storia dimostra che, nei più recenti 5.000 anni, sono cambiate le versioni ufficiali a proposito di elementi che sembravano "oggettivi".

> MA **il fatto che ciascuno percepisca a modo suo**, e il fatto che la Storia sia manipolata, **non significa che la realtà sia relativa**: INFATTI, È VERO CIÒ CHE FUNZIONA E CI MANTIENE IN VITA.

Semplice da capire, vero? Ed è anche semplice da verificare.

Riconosci che cosa ti mantiene in vita: NON ho detto "*riconosci ciò che ti piace*" ... Ho detto, esattamente, "riconosci ciò che ti mantiene in vita", e che rende possibile la realtà che percepiamo quando consideriamo il corpo fisico modello Homo Sapiens che usiamo per esistere sulla Terra": quando lo riconosci, allora capisci, anche, l'armonia che sta dietro gli elementi che percepisci ... ECCO LA REALTÀ: È L'ARMONIA, e l'armonia esiste AL DI SOPRA di quanto capisce chi è meno intelligente, o vuole fare polemica. **Tu, per evolvere sul piano della consapevolezza, mettiti in comunicazione con l'armonia.**

> Come ti ho detto, è possibile mettersi d'accordo: infatti, per riuscirci, è sufficiente riconoscere che cosa ci mantiene in vita.

Quando consideri tutti gli elementi, capisci che **il livello materiale è l'ULTIMA, la più periferica delle manifestazioni della coscienza**: tu puoi intuire l'importanza di fare una cosa (questo succede a livello spirituale), puoi progettarla (questo succede a livello mentale), puoi realizzarla (questo succede a livello fisico). Eppure, <u>non tutte le tue intuizioni, e non tutti i tuoi progetti, diventano risultati realizzati: sei d'accordo?</u>

Quindi, ci sono molti progetti non realizzati, e molte intuizioni non "tradotte" in progetti: il che conferma che <u>sono più ricchi, e numerosi, i flussi di coscienza, rispetto agli elementi fisici che percepisci</u>. **Nella materia, si realizza una minuscola parte del potenziale**, proprio come tu visiti *pochi* luoghi, quando viaggi: "*pochi*" rispetto a tutti i posti dove potresti vivere per decenni.

Rifletti su questi concetti e verifica le osservazioni che compi mettendole alla prova nella tua vita di tutti i giorni: <u>quante intuizioni hai, quanti pensieri sviluppi, quanti risultati ottieni?</u>

Noterai che **i risultati derivano dalle intuizioni**: e capirai che la materia è l'ultima manifestazione di ALCUNI elementi che esistono sul Piano Spirituale. Segui, il ragionamento?

Quando arrivi a comprendere per davvero questi concetti, allora capisci che, **per mettersi d'accordo, occorre cercare l'accordo NON sul Piano Fisico, e NON sul Piano Mentale**, perché tali Piani derivano, <u>A VOLTE</u>, dallo sviluppo degli elementi presenti nel Piano Spirituale: è lì, **nel Piano Spirituale, che gli Esseri Umani raggiungono la comprensione più estesa, ed è lì che ci si mette d'accordo** <u>per generare pensieri, e azioni, in armonia con lo scenario in cui ci percepiamo</u>.

> Ripassa più volte questi concetti: rileggi questo libro alla luce di quanto impari studiandolo e ripassandolo, e osservando da te, integrando tutto ciò con l'insegnamento che ti passo attraverso i miei video. Sono concetti fondamentali per vivere.

Chi capisce che l'accordo, che crea una civiltà etica, nasce, si consolida, ed esiste, ESCLUSIVAMENTE nel Piano Spirituale, allora capisce, anche, che i valori etici sono la base dell'accordo. In effetti, nei più recenti 5.000 anni di Storia documentata, le civiltà sono state meno incivili quando hanno voluto, e saputo, riconoscere, e onorare, la visione spirituale, che accomuna gli Esseri Umani, e che indirizza la gestione etica delle attività, sia pubbliche, sia private. **Sono dati oggettivi verificabili.**

I valori definiscono cosa ci mantiene in vita, all'interno dello scenario in cui ci percepiamo: i valori spirituali sono la base. Cadiamo nel disequilibrio, se dimentichiamo l'importanza dei valori, da riconoscere sempre e comunque, simultaneamente, nei tre Piani (Spirituale, Mentale, Fisico). **Gli errori derivano dall'aver trascurato i valori etici che indirizzano l'evoluzione della consapevolezza.** Quando risolvi gli errori, ritrovi l'equilibrio indispensabile nello scenario in cui ci percepiamo.

I valori sono importanti: lo spiego nel sesto dei 10 video, intitolato **"Come imparo dai miei errori?"**.

Dura 1 ora, 27 minuti, e 18 secondi. Lo trovi a questo indirizzo:
https://www.youtube.com/watch?v=Ae07-Qp_y1E

Puoi arrivarci anche usando questo codice: è sufficiente che lo inquadri con la fotocamera del tuo smartphone collegato a internet, e il video parte in automatico. Buona visione, ottime riflessioni, splendido miglioramento!

Video 7 di 10 — "Come divento più abile?"

A questo punto, soprattutto dopo aver letto e riletto questo libro, e visto e approfondito i primi 6 dei 10 video che ho scelto di segnalarti, dovrebbe esserti evidente che **si può scegliere di forzare i flussi in cui ci troviamo:** non li cambiamo, e nemmeno possiamo ribaltarli, ma si possono imprimere delle correzioni.

> Ovviamente, per imprimere delle correzioni occorre essere molto abili: e se ti trovi incastrato, puoi fare soltanto piccoli passi.

Accetta l'evidenza di poter fare soltanto piccoli passi: si procede gradualmente e solidamente, e questo ha senso, nel lungo termine.

Una situazione in cui ti ritrovi bloccato ti consente di fare soltanto pochi, piccoli passi, il che è perfetto, per iniziare a muoversi: pensaci su ... So bene che vorresti uscire di slancio, da qualcosa che non ti piace, ma ... se sei arrivato al punto in cui hai poco spazio e poco tempo in cui puoi esercitare un controllo vincente, allora vuol dire che il tuo livello di abilità ti ha portato lì ...

Sì, so bene che il tuo orgoglio si offende: ma devi ammettere che ci sei tu, incastrato, perché tu non avevi il comando della situazione ... Sì, so che vorresti risolvere in un attimo, ma non è possibile: senza l'adeguata preparazione non passi al livello superiore. **Smetti di fantasticare, e di incolpare gli altri per ciò che non hai saputo fare tu**: piuttosto di lamentarti, ammetti che i pochi, piccoli passi sono il punto di partenza adatto a te, per sbloccare una situazione che hai dimostrato di non saper gestire.

Parti sempre da dove sei, e dal livello di abilità che hai: elenca le risorse a tua disposizione, e quanto puoi fare per diventare più abile, cioè capace di introdurre delle correzioni nei flussi in cui ti trovi ad interagire. Ammetti le cose come stanno e procedi.

Ho spiegato questo, e altri importanti concetti collegati, nel settimo dei 10 video, intitolato **"Come divento più abile?"**.

Dura 1 ora, 24 minuti, e 55 secondi. Lo trovi a questo indirizzo: https://www.youtube.com/watch?v=cNkXB8lTCHk

Puoi arrivarci anche usando questo codice: è sufficiente che lo inquadri con la fotocamera del tuo smartphone collegato a internet, e il video parte in automatico. **Buona visione, ottime riflessioni, splendido miglioramento!**

Video 8 di 10 — "Ho paura di sbagliare: cosa faccio?"

Per vivere bisogna agire: tutto scorre, e quanto abbiamo fatto ha funzionato nel passato, e non garantisce una buona riuscita anche nel futuro, perciò ... **Bisogna agire, con chiarezza d'idee, decisione, intenzione di riuscire, rapidità, e animo sereno**.

> Chi ha definito la propria meta, ha, e usa, un piano scritto per raggiungerla, e ogni giorno s'impegna, SA come procedere: **al mattino si sveglia e inizia ad agire, e quando cade si rialza, perché si considera responsabile e punta alla riuscita.**

La crescita personale ti porta a sapere qual è la tua precisa meta, e cosa fare per raggiungerla: e sino a quando non hai raggiunto tale nitida consapevolezza, hai paura di sbagliare.

Conviene impegnarsi con le risorse che si hanno, con la voglia di riuscire, imparando dagli errori: infatti, se stai fermo, bloccato in una "eterna" preparazione, e chiedi cosa pensano gli altri, indebolisci la tua mente, non ti confronti con le sfide, e a causa di ciò aumenta la tua paura di sbagliare. Non ha senso.

Per spiegarti come ti conviene amministrarti, pur nei limiti e nella debolezza che ti attribuisci, ho girato l'ottavo dei 10 video, ricco di spunti, intitolato **"Ho paura di sbagliare: cosa faccio?"**.

Dura 1 ora, 10 minuti, e 46 secondi. Lo trovi a questo indirizzo: https://www.youtube.com/watch?v=tyvGzRinmzM

Puoi arrivarci anche usando questo codice: è sufficiente che lo inquadri con la fotocamera del tuo smartphone collegato a internet, e il video parte in automatico. Buona visione, ottime riflessioni, splendido miglioramento!

Video 9 di 10 — "Soffro: cosa faccio?"

Finché non hai una meta precisa, che per te è, in assoluto, la tua migliore ragione per vivere, hai sempre paura di sbagliare: paura di non riuscire, paura di consumare risorse, paura di dedicarti a qualcosa che non è davvero importante, paura di trascurare l'essenziale, e di venire superato, deriso, sconfitto.

In una parola, soffri. **La sofferenza deriva dalla confusione: infatti, se sai qual è la meta, affronti l'impreparazione e la risolvi,** e riduci i dubbi, e aumenti i successi, e smetti di soffrire.

Questi due concetti — preparazione e sofferenza — sono gli estremi di un'ipotetica "Scala dell'Abilità", in cui, ogni livello dipende dalle tue scelte, e **le tue scelte diventano facili da prendere quando decidi di offrire valore al mondo**, perché sai che ricevi valore dal mondo, e dunque scegli di ricambiare, per l'evoluzione della civiltà. Il life coaching che ti insegno io ti porta a considerare questi concetti, il che ti rende nitida la visione, e ti aiuta a uscire dall'incertezza che ti corrode e fa soffrire.

Il discorso fila liscio e si arricchisce nel nono dei 10 video, intitolato "**Soffro: cosa faccio?**".

Dura 1 ora, 33 minuti, e 18 secondi. Lo trovi a questo indirizzo: https://www.youtube.com/watch?v=piYtIMXTQQ0

Puoi arrivarci anche usando questo codice: è sufficiente che lo inquadri con la fotocamera <u>del tuo smartphone collegato a internet, e il video parte in automatico</u>. Buona visione, ottime riflessioni, splendido miglioramento!

Video 10 di 10 — "Qual è la mia strada nella vita?"

Domandarsi qual è la propria strada nella vita dev'essere la prima domanda che ci si pone, e siccome la risposta evolve in base alla consapevolezza che si raggiunge, <u>questa domanda va ripetuta molte volte, nel corso dell'esistenza</u>, e perciò è adatta, anche, come argomento finale che riassume il discorso.

In questo libro, e nei miei numerosi materiali che lo completano, **ti ho comunicato un messaggio**, preciso, ossia questo:

> Devi creare e vivere col massimo coinvolgimento
> il tuo percorso etico attraverso le situazioni che incontri,
> nel rispetto delle finalità spirituali di questo Universo,
> per offrire al mondo, in cambio del valore che ricevi,
> opere etiche di qualità superiore a quanto hai ricevuto,
> opere che ispirano, spiegano, e aiutano l'umanità,
> considerando i dati e le risorse dello scenario in cui sei.

Ogni parola di questo messaggio, compresa la punteggiatura, è uno spunto per compiere riflessioni profonde, che ti invito a fare.

La scoperta, e la conquista, del senso della vita, sono due azioni necessariamente individuali: alcuni, al massimo, potrebbero darti delle indicazioni, ma la scelta di vivere, secondo uno stile di vita preciso, dipende soltanto da te, com'è giusto che sia, **perché così impari la responsabilità.**

Non mi dilungo qui, anche perché è importante che tu rilegga, prendendo appunti, questo libro: rileggilo almeno 5 volte, metti le date sulle considerazioni che scrivi, e torna a rileggere questo libro a distanza di anni, e nota la tua evoluzione.

È importante, per te, che tu dia le risposte per mezzo di cui costruisci il tuo orientamento nella vita, di cui sei responsabile.

Ti passo diversi concetti, qu questo tema, nel decimo dei 10 video, quello intitolato: "**Qual è la mia strada nella vita?**".

Dura 1 ora, 10 minuti, e 07 secondi. Lo trovi a questo indirizzo: https://www.youtube.com/watch?v=KsH_e0cJg8s

Puoi arrivarci anche usando questo codice: è sufficiente che lo inquadri con la fotocamera del tuo smartphone collegato a internet, e il video parte in automatico. **Buona visione, ottime riflessioni, splendido miglioramento!**

Ecco, questi sono i dieci video che ho scelto per integrare i contenuti di questo libro: ce ne sono di più, **ho girato migliaia di video, sino a questo momento, nel 2022, tutti dedicati alla crescita personale**, sviluppando e approfondendo diversi argomenti, pur mantenendo lineare, chiara, e comprensibile, la visione spirituale a cui faccio riferimento, che è alla base anche di questo libro, e che tu puoi verificare, *se osservi e consideri ogni dato che rientra nella percezione*. **Buona visione!**

Come ti ho già detto, ti conviene rileggere più volte il libro, perché ad ogni ripasso lo capisci meglio.

La visione dei video arricchisce la tua comprensione, e inoltre ci sono molti altri video, nel mio canale YouTube, che espandono i concetti presentati.

Si tratta, dunque, di una formazione progressiva, che costruisci da te, seguendo le mie indicazioni, se ti va, sapendo di essere responsabile dell'impegno che metti nella preparazione e nell'applicazione di quanto impari.

Concediti la possibilità di conoscere meglio, in chiave spirituale, la meravigliosa esperienza che fai vivendo sulla Terra.

Conclusione

Bene, **quanto volevo dirti, per iniziare ad aiutarti a creare un percorso etico attraverso la vita, è qui**, nelle pagine che hai terminato di leggere: <u>ti ho passato anche alcuni link per mostrarti circa 15 ore di video</u> in cui mi vedi e mi senti parlare a proposito di alcuni argomenti che ho presentato nel libro.

<u>I video che ti ho segnalato sono registrazioni di eventi "live" trasmessi su YouTube, in diretta, nel 2019</u>: ci sono alcune imperfezioni tecniche, dovute appunto alla diretta e alla connessione, e mancano, volutamente, cambi di scena, effetti speciali, e movimenti per distrarre, come si usa oggi, soprattutto perché oggi, in diversi ambiti, mancando i contenuti, si distrae.

Siccome i contenuti a me non mancano, e siccome tu hai bisogno di concentrarti su di essi, e non sulle distrazioni, scelgo di <u>non</u> correggere tecnicamente i video perché, così come sono, lenti e comprensibili, risultano molto comunicativi e, quindi, utilizzabili.

Ora siamo al termine di questo libro, che è una tappa per te importante, nella tua formazione, perché ti ho passato un messaggio preciso, che posso riassumere così:

> Abbiamo molto da fare, per costruire un futuro,
> sia collettivo, sia individuale:
> le due mete, per forza di cose, coincidono, perché
> quando migliori tu, migliora il mondo,
> e siccome il mondo attraversa un periodo difficile,
> allora è davvero urgente che il miglioramento
> sul piano della consapevolezza
> sia compreso, diffuso, e applicato costruttivamente
> da tutti gli individui, nell'etica e nell'armonia.

Per quanto riguarda te, **il rinnovamento inizia appunto da come gestisci la tua esistenza, all'interno di un vasto scenario**: in che modo ci puoi riuscire, e perché dovresti impegnarti in ciò, è al centro di questo mio video, che ho girato anche per te, e ti segnalo; si intitola **"Perché io non sono felice?"**.

Dura 1 ora, 23 minuti, e 30 secondi. Lo trovi a questo indirizzo: https://www.youtube.com/watch?v=BZ8_gkrOXGk

Puoi arrivarci anche usando questo codice: è sufficiente che lo inquadri con la fotocamera del tuo smartphone collegato a internet, e il video parte in automatico. Buona visione, ottime riflessioni, splendido miglioramento!

Ora tocca a te: se ti piace il mio stile, scarica i miei materiali e chiedimi un consulto. Per contattarmi, **vieni a trovarmi nel mio sito:** www.comelavitaquandotisorride.com

Se ti va, dimmi quanto apprezzi questo libro: perciò ti chiedo ...
- Da 0 a 100, quanto l'hai trovato utile? Perché?
- Come usi le indicazioni che ti ho passato?
- Hai ottenuto dei cambiamenti grazie ad esse? Quali?

Puoi scrivermi dalla pagina dedicata ai contatti: https://comelavitaquandotisorride.com/contatti

Complimenti per aver letto sino a qui: **ti aspetto tra i miei iscritti,** così ti accompagno per un tratto, nel tuo cammino attraverso la vita.

Luminosamente
Il tuo amico e life coach
Mario

Pianeta Terra, Venerdì 18 Febbraio 2022, ore 11.23 CET

Breve Dizionario in ordine concettuale di "Come La Vita Quando Ti Sorride"

Qui trovi alcuni concetti esposti nel libro e che ripeto spesso nei miei video: li presento in ordine concettuale, così li impari meglio. Nella prossima sezione li trovi in ordine alfabetico.

Nelle spiegazioni ho sottolineato i termini che, in CLVQTS, hanno un significato preciso, che potenzia quello comune.

Sono concetti fertili, da comprendere, verificare, e applicare in molte situazioni, con Amore, Verità, e Bellezza.

Amore — 1. La distanza desiderata.
2. La sintesi di Responsabilità ed Etica.

Verità — 1. Ciò che funziona.
2. La sintesi di Responsabilità e Gioia.

Bellezza — 1. Ciò che ispira.
2. La sintesi di Etica e Gioia.

Responsabilità — 1. La decisione di fare esistere.
2. La sintesi di Amore e Verità.

Etica — 1. La scelta vitale nel senso più ampio.
2. La sintesi di Amore e Bellezza.

Gioia — 1. La soddisfazione di esistere.
2. La sintesi di Bellezza e Verità.

Vita — La volontà di esistere.

Esistere — <u>Decidere</u> di produrre almeno un <u>risultato</u> misurabile.

Decidere — Stabilire che qualcosa debba <u>esistere</u>.

Risultato — 1. Un <u>prodotto</u> generato da una <u>volontà</u>.
2. Qualcosa che ha un <u>valore</u> di <u>scambio</u>.

Prodotto — 1. Qualcosa che aiuta ad <u>esistere</u> in un <u>accordo</u>.
2. Una coerente concentrazione di <u>valore</u>.

Accordo — Condivisione di almeno un <u>dato</u>.

Dato — Unità di significato riconosciuta in un tipo di <u>accordo</u>.

Realtà — 1. Ciò su cui c'è l'<u>accordo</u> più diffuso in una porzione di <u>spazio</u> e di <u>tempo</u>. 2. L'<u>Universo materiale</u>.

Risorsa — Un potenziale di <u>vita</u>.

Volontà — Intensificazione della <u>decisione</u> di <u>esistere</u>.

Distanza — Differenza tra due condizioni di <u>esistenza</u>. Può essere espressa in <u>spazio</u>, in <u>tempo</u>, in <u>risultati</u> da raggiungere, in livelli di <u>consapevolezza</u>, in livelli di intensità su una <u>scala di misurazione</u>.

Scala di misurazione — La serie di passaggi tra un <u>minimo</u> ed un <u>massimo</u> di un argomento.

Minimo — La più piccola quantità di un tipo di <u>esistenza</u>.

Massimo — La più grande quantità di un tipo di <u>esistenza</u>.

Piano spirituale — Dove opera l'Essenza Spirituale per creare.

Piano mentale — Dove opera la Mente per organizzare.

Piano fisico — Dove opera il Corpo per ottenere.

Valore — Potenziale di vita.

Scambio — Movimento di valore effettuato volontariamente per aumentare un potenziale di vita.

Potenziale — Quanto si crede che possa esistere.

Credere — 1. Supporre di sapere. 2. Agire come se le cose fossero in un certo modo.

Sapere — Il risultato del verificare.

Verificare — Ammettere il valore delle cose in una porzione di spazio-tempo.

Essenza Spirituale — 1. L'entità che esiste, e che decide, al di fuori, e al di sopra, dei limiti della materia. 2. Espressione dell'esistere.

Corpo fisico — Uno degli strumenti usati da un'Essenza Spirituale per esistere sulla Terra sul Piano fisico.

Segnaposto — Quanto un'Essenza Spirituale usa per esprimere la sua presenza in un certo spazio, durante un certo tempo: ne sono esempi un cappello su un sedile, per indicare che il sedile è occupato; una recinzione attorno ad una proprietà; un corpo fisico modello Homo Sapiens.

Homo Sapiens — Il tipo di corpo fisico usato dall'Essenza Spirituale per avere una presenza fisica sulla Terra (cioè, un "segnaposto").

Spazio — L'impressione di esistere nel Piano Fisico.

Tempo — L'impressione di continuare ad esistere nel Piano Fisico.

Materia — Le risorse fisiche dell'Universo percepito.

Universo personale — Un insieme dei dati in cui una persona crede, indipendentemente da cosa dimostra la realtà.

Universo condiviso — Un insieme dei dati in cui più di una persona crede, indipendentemente da cosa dimostra la realtà.

Universo materiale — 1. L'insieme delle risorse fisiche composto da dati oggettivi verificabili, indipendentemente da ciò in cui alcuni credono. 2. L'accordo più diffuso.

Funzionare — Produrre risultati in una scala di misurazione.

Ispirare — Ricordare che l'Essenza Spirituale viene prima di tutto.

Diritto — La possibilità di usare un prodotto.

Dovere — L'obbligo di creare un prodotto.

Successo — L'essere disposti a fare quanto serve per esistere.

Sicurezza — Credere di poter riuscire.

Paura — 1. Credere di dover fallire. 2. Il ragionamento logico di un individuo debole.

Credere — Agire come se le cose fossero in un certo modo.

Capire — Verificare il modo in cui le cose esistono.

Agire — Modificare la percezione di porzioni di spazio-tempo.

Percezione — La formazione di ciò in cui si vuole credere.

Continuare — Intensificazione della volontà.

Criceto — Metafora della persona ingenua, rassegnata nel tutto scorre, che non verifica i dati perché si fida delle emozioni, evita di pensare e di sapere, obbediente alla propaganda, che dedica il meglio delle proprie energie, e del proprio tempo, per far girare la ruota del criceto, cioè l'ingranaggio sociale che produce e consuma senza finalità etiche, soltanto per dominare gli individui.

Ruota del criceto — Metafora di ogni attività che ha come ultimo scopo il funzionamento della propaganda.

Propaganda — Ciò che convince di essere soltanto un corpo fisico.

Dalla culla alla bara — Programma di vita della propaganda.

Materialismo — Credere che i segnaposto siano idoli.

Tutto scorre — Un terzo della descrizione del movimento che pare presente in tutto ciò che esiste nell'Universo materiale: le altre due indispensabili parti della descrizione sono "tutto ha una forza" e "tutto ha una direzione".

Spiritualità — Capire che il pensiero etico prevale su tutto.

Tradizione — La radice etica e saggia comune a tutte le maggiori culture nei più alti momenti di civiltà, che invita a condurre una vita sana e coerente, simultaneamente sui tre piani spirituale, mentale, fisico, in armonia con lo scenario che ci ospita, creato con intelligenza e finalità. Venne rivelata in diverse epoche, in diverse lingue, da diversi individui, con modalità diverse ma adatte per comunicare con chi la riceveva in quelle condizioni. Ha valore per ogni Essere Umano che sceglie di capire come orientarsi nella vita, per sentirsi utile, soddisfatto, e inserito nel Grande Disegno: quindi, la Tradizione risulta utile agli Umani, appunto per orientarsi nella vita, fermo restando il libero arbitrio, che consente a chiunque di verificare le conseguenze delle azioni.

Grande Disegno — Lo scenario che decide e ospita l'esistenza.

Consapevolezza — Capire di esistere.

Mente — La capacità di ragionare e di organizzare.

Pensiero — L'attività della mente.

Attività — Creazione consapevole di un prodotto che genera almeno un risultato.

Operare — Produrre risultati.

Organizzare — Decidere un movimento dotato di forza e direzione.

Forza — Intensità nell'<u>esistere</u>.

Direzione — <u>Movimento</u> nell'<u>esistere</u>.

Movimento — Il <u>risultato</u> di una <u>forza</u> che genera un <u>valore</u>.

Fallire — Terminare, contro la propria <u>volontà</u>, di fare una cosa, ritenendo che il <u>risultato</u> non è stato raggiunto.

Riuscire — Terminare, secondo la propria <u>volontà</u>, di fare una cosa, ritenendo che il <u>risultato</u> è stato raggiunto.

Ragionare — La capacità di mettere in relazione l'intenzione di <u>vivere</u> con la capacità di riuscirci.

Felicità — La capacità di apprezzare le <u>risorse</u> disponibili.

Breve Dizionario in ordine alfabetico di "Come La Vita Quando Ti Sorride"

Gli stessi termini della precedente sezione qui sono esposti in ordine alfabetico: così li trovi rapidamente, ma ti consiglio di impararli nella sezione precedente, in ordine concettuale, perché l'ordine concettuale evidenzia le affinità tra i concetti.

Nelle spiegazioni ho sottolineato i termini che, in CLVQTS, hanno un significato preciso, che potenzia quello comune.

Sono concetti fertili, da comprendere, verificare, e applicare in molte situazioni, con Amore, Verità, e Bellezza.

Accordo — Condivisione di almeno un dato.

Agire — Modificare la percezione di porzioni di spazio-tempo.

Amore — 1. La distanza desiderata. 2. La sintesi di Responsabilità ed Etica.

Attività — Creazione consapevole di un prodotto che genera almeno un risultato.

Bellezza — 1. Ciò che ispira. 2. La sintesi di Etica e Gioia.

Capire — Verificare il modo in cui le cose esistono.

Continuare — Intensificazione della volontà.

Corpo fisico — Uno degli strumenti usati da un'<u>Essenza Spirituale</u> per <u>esistere</u> sulla Terra sul <u>Piano fisico</u>.

Credere — 1. Supporre di <u>sapere</u>. 2. <u>Agire</u> come se le cose fossero in un certo modo.

Criceto — Metafora della persona ingenua, rassegnata nel <u>tutto scorre</u>, che non verifica i <u>dati</u> perché si fida delle emozioni, evita di <u>pensare</u> e di sapere, obbediente alla <u>propaganda</u>, che dedica il meglio delle proprie energie, e del proprio tempo, per far girare la <u>ruota del criceto</u>, cioè l'ingranaggio sociale che produce e consuma senza finalità <u>etiche</u>, soltanto per dominare gli individui.

Consapevolezza — <u>Capire</u> di <u>esistere</u>.

Dalla culla alla bara — Programma di <u>vita</u> della <u>propaganda</u>.

Dato — Unità di significato riconosciuta in un tipo di <u>accordo</u>.

Decidere — Stabilire che qualcosa debba <u>esistere</u>.

Direzione — <u>Movimento</u> nell'<u>esistere</u>.

Diritto — La possibilità di usare un <u>prodotto</u>.

Distanza — Differenza tra due condizioni di <u>esistenza</u>. Può essere espressa in <u>spazio</u>, in <u>tempo</u>, in <u>risultati</u> da raggiungere, in livelli di <u>consapevolezza</u>, in livelli di intensità su una <u>scala di misurazione</u>.

Dovere — L'obbligo di creare un <u>prodotto</u>.

Esistere — <u>Decidere</u> di produrre almeno un <u>risultato</u> misurabile.

Essenza Spirituale — 1. L'entità che <u>esiste</u>, e che <u>decide</u>, al di fuori, e al di sopra, dei limiti della <u>materia</u>. 2. Espressione dell'<u>esistere</u>.

Etica — 1. La scelta vitale nel senso più ampio. 2. La sintesi di <u>Amore</u> e <u>Bellezza</u>.

Felicità — La capacità di apprezzare le <u>risorse</u> disponibili.

Forza — Intensità nell'<u>esistere</u>.

Fallire — Terminare, contro la propria <u>volontà</u>, di fare una cosa, ritenendo che il <u>risultato</u> non è stato raggiunto.

Funzionare — Produrre <u>risultati</u> in una <u>scala di misurazione</u>.

Gioia — 1. La soddisfazione di esistere. 2. La sintesi di <u>Bellezza</u> e <u>Verità</u>.

Grande Disegno — Lo scenario che <u>decide</u> e ospita l'<u>esistenza</u>.

Homo Sapiens — Il tipo di corpo fisico usato dall'Essenza Spirituale per avere una presenza fisica sulla Terra (cioè, un "<u>segnaposto</u>").

Ispirare — Ricordare che l'<u>Essenza Spirituale</u> viene prima di tutto.

Massimo — La più grande quantità di un tipo di <u>esistenza</u>.

Materia — Le <u>risorse</u> fisiche dell'<u>Universo</u> percepito.

Materialismo — <u>Credere</u> che i <u>segnaposto</u> siano idoli.

Mente — La capacità di <u>ragionare</u> e di <u>organizzare</u>.

Minimo — La più piccola quantità di un tipo di esistenza.

Movimento — Il risultato di una forza che genera un valore.

Operare — Produrre risultati.

Organizzare — Decidere un movimento dotato di forza e direzione.

Paura — 1. Credere di dover fallire. 2. Il ragionamento logico di un individuo debole.

Pensiero — L'attività della mente.

Percezione — La formazione di ciò in cui si vuole credere.

Piano fisico — Dove opera il Corpo per ottenere.

Piano mentale — Dove opera la Mente per organizzare.

Piano spirituale — Dove opera l'Essenza Spirituale per creare.

Potenziale — Quanto si crede che possa esistere.

Prodotto — 1. Qualcosa che aiuta ad esistere in un accordo. 2. Una coerente concentrazione di valore.

Propaganda — Ciò che convince di essere soltanto un corpo fisico.

Ragionare — La capacità di mettere in relazione l'intenzione di vivere con la capacità di riuscirci.

Realtà — 1. Ciò su cui c'è l'accordo più diffuso in una porzione di spazio e di tempo. 2. L'Universo materiale.

Responsabilità — 1. La decisione di fare esistere.
2. La sintesi di Amore e Verità.

Risorsa — Un potenziale di vita.

Risultato — 1. Un prodotto generato da una volontà.
2. Qualcosa che ha un valore di scambio.

Riuscire — Terminare, secondo la propria volontà, di fare una cosa, ritenendo che il risultato è stato raggiunto.

Ruota del criceto — Metafora di ogni attività che ha come ultimo scopo il funzionamento della propaganda.

Sapere — Il risultato del verificare.

Scala di misurazione — La serie di passaggi tra un minimo ed un massimo di un argomento.

Scambio — Movimento di valore effettuato volontariamente per aumentare un potenziale di vita.

Segnaposto — Quanto un'Essenza Spirituale usa per esprimere la sua presenza in un certo spazio, durante un certo tempo: ne sono esempi un cappello su un sedile, per indicare che il sedile è occupato; una recinzione attorno ad una proprietà; un corpo fisico modello Homo Sapiens

Sicurezza — Credere di poter riuscire.

Spazio — L'impressione di esistere nel Piano Fisico.

Spiritualità — Capire che il pensiero etico prevale su tutto.

Successo — L'essere disposti a fare quanto serve per esistere.

Tempo — L'impressione di continuare ad esistere nel Piano Fisico.

Tradizione — La radice etica e saggia comune a tutte le maggiori culture nei più alti momenti di civiltà, che invita a condurre una vita sana e coerente, simultaneamente sui tre piani spirituale, mentale, fisico, in armonia con lo scenario che ci ospita, creato con intelligenza e finalità. Venne rivelata in diverse epoche, in diverse lingue, da diversi individui, con modalità diverse ma adatte per comunicare con chi la riceveva in quelle condizioni. Ha valore per ogni Essere Umano che sceglie di capire come orientarsi nella vita, per sentirsi utile, soddisfatto, e inserito nel Grande Disegno: quindi, la Tradizione risulta utile agli Umani, appunto per orientarsi nella vita, fermo restando il libero arbitrio, che consente a chiunque di verificare le conseguenze delle azioni.

Tutto scorre — Un terzo della descrizione del movimento che pare presente in tutto ciò che esiste nell'Universo materiale: le altre due indispensabili parti della descrizione sono "tutto ha una forza" e "tutto ha una direzione".

Universo condiviso — Un insieme dei dati in cui più di una persona crede, indipendentemente da cosa dimostra la realtà.

Universo personale — Un insieme dei dati in cui una persona crede, indipendentemente da cosa dimostra la realtà.

Universo materiale — 1. L'insieme delle risorse fisiche composto da dati oggettivi verificabili, indipendentemente da ciò in cui alcuni credono. 2. L'accordo più diffuso.

Valore — Potenziale di vita.

Verificare — Ammettere il <u>valore</u> delle cose in una porzione di <u>spazio</u>-<u>tempo</u>.

Verità — 1. Ciò che <u>funziona</u>. 2. La sintesi di <u>Responsabilità</u> e <u>Gioia</u>.

Vita — La <u>volontà</u> di <u>esistere</u>.

Volontà — Intensificazione della <u>decisione</u> di <u>esistere</u>.

Perché "Come La Vita Quando Ti Sorride" si chiama così

"Come La Vita Quando Ti Sorride"
(a volte, per chi sa di cosa parlo, abbreviato in "CLVQTS")
è il nome che ho voluto dare al sito e al canale su YouTube.

È un nome volutamente lungo,
sia per distinguersi immediatamente
dalla superficialità che accorcia e va di fretta;
sia per esprimere un concetto
che invita a fermarsi per riflettere;
sia per rammentare l'eleganza della cultura classica.

Infatti, "Come La Vita Quando Ti Sorride"
è un endecasillabo *a minore*,
vale a dire una frase composta
da undici sillabe, con particolare
enfasi sulla quarta e sulla decima,
e lievemente anche sull'ottava,
considerate toniche, per via dell'accento secondario:
"co-me-la-<u>vi</u>-ta-quan-do-<u>ti</u>-sor-<u>ri</u>-de".

Nella poesia italiana,
un endecasillabo *a minore*
suggerisce raccoglimento e intimità,
come dev'essere, quando rifletti
sul senso della tua esistenza,
e noti che i momenti più vitali e felici
furono quelli in cui ti sentivi
in armonia con l'Infinito,
e ti pareva di vivere nel giusto,
come la vita quando ti sorride.

Inoltre, l'endecasillabo
offre una grande varietà
nel posizionamento degli accenti
secondari, anche in modo non canonico,
il che consente un'apprezzata malleabilità,
che, metaforicamente, corrisponde
alla capacità di capire, risolvere, agire,
doti richieste per condurre bene l'esistenza,
nel rispetto dello scenario in cui siamo.

Nel logo di CLVQTS, il verde indica il Piano Fisico,
il rosso indica il Piano Mentale,
il blu indica il Piano Spirituale.

Osservando il logo di CLVQTS
noti il verde in alto, il rosso in mezzo, il blu in basso,
quando, invece, per rispetto delle priorità metafisiche,
il blu deve stare in alto, e il verde in basso:
in realtà, questa disposizione innaturale dei colori
ci rammenta l'accettazione, per mezzo
del rosso focoso egocentrico domato, della discesa
nel Piano Fisico, da cui si risale, come dev'essere.
Quindi, il blu ispira, e, quando lo ritrovi, ascendi.

P.S. La faccina gialla che ride, nel logo di CLVQTS,
è una piccola idea di marketing:
l'ho messa perché
questo tipo di faccina che ride si vede in molti posti,
anche nelle e-mail e negli sms, persino quando scrivi
due punti, segno meno, parentesi :-)
e così, ogni volta che vedi la faccina, pensi a CLVQTS.

È una faccina che trasmette semplicità, gioiosità infantile:
ho scelto di non creare un logo austero e pomposo
perché non mi corrisponde. Non è nel mio carattere.

Mi riconosco molto di più nella faccina gialla di CLVQTS,
anche perché ridimensiona, in termini umani,
la grandiosità che CLVQTS tratta e propone:

siamo fragili, fisicamente parlando, noi Umani,
e non ci dobbiamo prendere troppo sul serio,
per quanto facciamo, mentre transitiamo sulla Terra ...

... la faccina gialla a me lo ricorda, e io lo ricordo pure a te:

come dico sempre al termine delle mie lives,
tu NON devi credere a quanto dico ...
... devi verificarlo ...
... e se ti accorgi che i dati, verificati,
in mano tua funzionano,
cioè producono risultati etici,
allora usali, con responsabilità e determinazione.

Non avrai mica creduto "al buio", a quanto hai letto
in questo libro, vero?

Verificalo, e ... fa' buon uso di questi dati! :-)